« Pourquoi ? »

© Éditions Renaissens
Collection : COMME TOUT UN CHACUN
ISSN : 2649-8839
www.renaissens-editions.fr

Les éditions Renaissens publient les écrits d'auteurs aveugles, sourds, handicapés et de toute personne souffrant de l'exclusion.

Fabien Lerch

« Pourquoi ? »

Réflexion
autobiographique

Prologue

Je suis atteint d'une maladie sans nom, une maladie que les médecins ne peuvent identifier. Cette maladie chronique et orpheline a envahi mon quotidien. Elle a pris racine dans mon corps et m'a cloué dans un fauteuil roulant. Ce fauteuil est mon plus fidèle compagnon depuis quinze ans. Quinze longues années d'invalidité.

Récemment, mon regard a changé. Je me suis posé des questions sur les causes de ce handicap que j'ai accepté et accueilli sans mot dire. Aurait-il un lien avec mon enfance ?

Face à l'impuissance de la médecine, je m'interroge. D'abord ma vie de petit garçon au sein d'une famille aimante. Aurais-je reçu trop d'affection ? Ferais-je partie de ces adultes qui ne sont pas parvenus à couper le cordon ? Et pourtant j'ai élevé moi-même trois enfants.

Je cherche des réponses à ce mal-être général.

Pendant longtemps j'ai pensé que je les trouverais dans le sport en devenant un coureur compulsif. Mais les réponses ne sont pas venues et j'ai fini par ne plus pouvoir courir.

Étrangement, j'ai commencé à aller mieux quand je me suis assis dans cette chaise roulante. Ce n'était pas un caprice : je n'arrivais plus à marcher. Mais quel soulagement ! Quel confort ! Mon cher fauteuil m'a rassuré comme ma poussette d'enfant. Je m'y suis senti en sécurité. Il me procurait à la fois la liberté de bouger mais aussi celle de ne plus rien faire.

Écrire ce livre est une quête, une chance que je me donne pour me lever enfin, pour remarcher peut-être un jour, pour me libérer de mes chaînes.

Tel le pantin Pinocchio, j'aimerais que la bonne fée accepte de me rendre mes jambes qui sont devenues, à force d'immobilité, des jambes de bois. Mais les choses sont hélas un peu plus compliquées.

Il arrive parfois que je me considère comme un *mort sur roulettes.*

Invalide à plus de 80% je bénéficie de l'allocation adulte handicapé (AAH). Cette allocation me permet de vivre – et je remercie l'État français pour cette aide – mais elle me réduit aussi au statut d'allocataire.

Aujourd'hui j'ai cinquante ans et je m'adresse à vous, lecteur, bien portant ou handicapé : ne suivez surtout pas le chemin que l'on vous indique sans résister, sans tenter de vous en sortir, tant physiquement que mentalement. J'espère que ces quelques pages où je m'exprime sans rien embellir vous feront réfléchir.

1

Mon enfance n'est pas celle de Guillaume Bats, le célèbre humoriste, aux os de verre. Je n'ai pas eu, comme lui, le courage d'affronter mon handicap dès le début. Il faut dire qu'au début je n'avais pas de handicap. Tout allait bien pour moi sur le plan physique. Sur le plan moral, en dépit d'une très belle enfance, j'avais du mal à m'exprimer et à sortir du monde intérieur que je m'étais créé. La naissance de mon frère, de huit ans mon cadet, n'a rien arrangé.

Qui suis-je ? Un petit Normand dont les parents sont professeurs de biologie et de géologie en collège et en lycée.

Quand je pose des questions d'ordre général, du haut de mes trois ans, mon père me répond : « On peut tout prévoir, c'est écrit dans les livres. Il y a toujours un spécialiste. » Je comprends à cet âge-là que si je veux des réponses je dois apprendre à lire.

À six ans, quand des camarades veulent que je passe l'après-midi avec eux, mes parents insistent pour que je lise. Je reste donc seul la plupart du temps, la tête dans les bouquins, tout en me répétant : « Tout est prévisible, tout est dans les livres ».

Notre vie est tranquille. Mes parents me contrôlent bien. Mon père, introverti, m'incite à réfléchir très tôt à ma situation, en prenant exemple sur ce qu'il a accompli lui-même. Je suis censé me projeter vingt ans dans le futur ou revenir vingt ans dans son passé à lui mais ne jamais vivre le moment présent, comme si ce moment-là m'était interdit. Je n'ai que six ans et je dois « préparer » mon avenir au lieu de passer mon temps à jouer.

Ma mère, pourtant extravertie, cherche d'une certaine manière à m'empêcher de profiter de l'insouciance de mon âge. Ses maîtres mots sont toujours : « Fais attention ! », « Méfie-toi ». Elle m'encourage de cette façon-là à considérer le monde extérieur comme un ennemi, elle qui s'en imprègne en permanence. C'est ainsi que j'aborde ce qui m'est inconnu avec crainte. Il m'arrive d'inviter des copains mais je suis, le plus clair du temps, seul à la maison... avec un livre ou un stylo.

Enfant sage et discipliné, je ne remets jamais en question la moindre décision. Mes parents ne peuvent qu'avoir raison puisque je les aime. Jamais de claques, jamais de fessée. La simple présence du martinet est dissuasive, tout comme l'explication effrayante du Père Fouettard qui n'attendrait que l'ordre de mes parents pour intervenir.

Je passe donc mon enfance à imiter mon père. L'amour des livres, du dessin et des sports solitaires nourrissent mon monde intérieur.

De son côté, ma mère cherche à me sensibiliser aux langues, à la musique et aux sports collectifs.

Ces deux mondes opposés devraient être épanouissants pour le petit garçon que je suis. Étonnamment ils ne le sont pas car j'ai du mal à les gérer et à exprimer ma personnalité. Je suis comme « asphyxié » par des parents que j'admire et qui sont de véritables puits de science. Déjà tout petit je me sens incapable de répondre à leurs attentes.

Leur présence est omniprésente tout comme leurs souvenirs de voyage qui ornent les murs et les meubles de la maison. Notre foyer est un véritable musée garni de bibliothèques, de photos murales, de microscopes, de fossiles, de papillons séchés, de tapis anciens...

De nombreuses armoires rassemblent des dizaines de livres sur des sujets variés, allant de la biologie à la philosophie.

Mes parents me tracent la route vers le savoir et m'encouragent à développer sans cesse mes facultés intellectuelles. La pression est constante et j'ai peur de ne pas être à la hauteur.

Mon enfance dure longtemps, beaucoup trop longtemps. Je me plonge dans les livres comme le plongeur dans le monde de la mer, du silence. La lecture, le dessin et la peinture m'ouvrent les portes de la tranquillité.

L'amour des sports imposés par mes parents, comme la gymnastique, et l'athlétisme, me paraît être le meilleur moyen pour me libérer de leur emprise.

Je vis une sorte de duel entre le monde intérieur que je me crée et le monde auquel ils voudraient que j'appartienne et que je subis. Et comme je leur suis très attaché j'essaie de faire du copier-coller, alors qu'ils sont tous les deux très différents et qu'il m'est impossible d'intégrer des schémas de pensée si opposés.

Atteints d'une véritable obsession des voyages, mes parents organisent des séjours à l'étranger pendant les mois de juillet et d'août. Enseignants tous les deux ils ont de longues vacances et pensent bien faire en m'emmenant toujours avec eux. Mais mes besoins sont tout autres et je n'aime pas ces grands trajets en voiture.

Je ne dis rien. Je n'exprime rien. Ils ne soupçonnent pas mon malaise. Eux cherchent le dépaysement, les musées, la découverte, alors que moi je préférerais qu'on me laisse tranquille et qu'on cesse de vouloir me remplir la tête. Mais comment peuvent-ils comprendre que je ne partage pas leur enthousiasme quand je fais semblant d'y adhérer ? Difficile de faire autrement quand leur attitude et leur gestuelle semblent me répéter plus de vingt fois par jour : « C'est beau, hein ? Tu te rends compte de la chance que tu as de visiter tous ces pays et de t'instruire ? Tes petits camarades n'ont pas cette chance. »

Je suis spectateur de ces voyages. Je m'y ennuie autant que si on me passait pendant des heures une série de diapositives de souvenirs de vacances qui ne sont pas les miens. J'aurais préféré aller en colo ou dans des centres de vacances comme mes copains de classe, mais comment mes parents pourraient-ils imaginer que je puisse être heureux loin d'eux quand ils me voient pleurer chaque jour pour aller à l'école ?

La propreté de la Suisse, la majesté des châteaux de la Loire, les séjours annuels de ski, l'Italie et ses restaurants, la beauté de l'ancienne Yougoslavie, la Grèce, la Turquie, l'Espagne, le Portugal… ces splendeurs ne me sont pas inconnues. Je suis privilégié. Je le sais mais j'ai besoin d'autre chose… mais de quoi ? Loin de mes parents je pleure, avec mes parents je m'ennuie.

Serait-ce cette attitude qui les a poussés à vouloir contrôler ma vie ? Mon frère a développé son indépendance très tôt alors que je ne suis pas arrivé à affirmer la mienne. Ma mère m'accompagne même à mon premier entretien d'embauche où je suis censé encadrer et éduquer des apprentis en aquaculture. Des amis me proposent de me déposer en chemin mais elle insiste pour être avec moi et je n'ai pas le courage de refuser. Résultat : l'entretien d'embauche se solde par un échec.

Pourquoi ai-je voulu à ce point leur ressembler ? Sans doute pour ne pas les décevoir. Mon frère, lui, a tout de suite choisi sa voie, alors qu'il était mon cadet. Ma mère ne nous achète pas de beurre salé ? Tant pis, il va en mendier à la voisine qui est ravie de lui préparer de grosses tartines. Il fait ce qu'il veut. Comment ose-t-il détourner l'attention et contourner les directives ?

Tandis que je m'escrime à faire un copier-coller du modèle parental – comme une recette de cuisine que je ne réussis jamais – mon frère, lui, vit sa vie et avance sans jamais se soucier des obstacles.

Je suis conscient de ma frustration. Je cherche à sortir de ma prison mais je ne sais pas comment faire. Je vois la vie à l'extérieur mais je reste dans ma cellule mentale.

Un jour, je regarde le ciel en quête de sens. Je suis assis sur la pelouse que l'on vient de tondre. Ça sent bon, l'herbe coupée. Je suis derrière la maison, devant la fenêtre de ma chambre. Je me sens bien. J'ai huit ans. Je médite un long moment. Je suis léger... Ce moment est sublime mais ne dure pas. La pression revient.

Mes parents m'inscrivent dans un club de gymnastique. Lors de mes entraînements et compétitions, je ne pense pas à cette dichotomie entre le monde du rêve et celui de l'action. Je me concentre uniquement sur le geste que je dois effectuer. Je crois aimer l'instant présent mais je me retranche en fait dans une bulle. Ce plaisir de l'instant n'est qu'une illusion.

En début de collège j'intègre un club d'athlétisme, sans doute pour faire comme mon père qui pratique ce sport depuis de longues années. J'apprends à mieux respirer et à planifier mes efforts. Je développe ma concentration que j'ai déjà beaucoup travaillée en gymnastique. Je rejoins aussi une équipe de sport collectif pour faire plaisir à ma mère. Je découvre l'esprit d'équipe du basketball, l'entraînement, les matchs, le bon stress avant une compétition et la motivation qui s'intensifie quand on gagne. Pourquoi le basket ? Je ne fais pas deux mètres. À l'époque on me surnomme même la sauterelle à cause de mon apparence chétive mais je saute très haut. Est-ce pour mieux atteindre les nuages, ce vœu que je formulais quand j'avais huit ans ?

J'ajoute plus tard la planche à voile, un sport que je choisis. Enfin je m'exprime. J'affronte les aléas de l'environnement. Je m'adapte à un monde imprévisible. Au début, j'ai peur de l'eau froide, du gros vent et des vagues, puis cette prise de risque me fascine. Je suis attiré par la vitesse, par les murs d'eau qui me permettent d'aller plus haut dans mes acrobaties.

Jeune étudiant en troisième année de licence de biochimie et de biologie moléculaire, je relève le défi du parachutisme. J'enchaîne les sauts car le simple fait d'avoir peur m'attire. Je ne sais pas encore pourquoi.

Je m'intéresse aussi à la plongée sous-marine en Méditerranée. Chargé de bouteilles j'accède au vrai monde du silence, un monde complètement nouveau. J'aime descendre très profond pour tester ma résistance une fois de plus.

Pourquoi ce désir constant de me surpasser ? Le sport me permet de ne plus craindre le monde extérieur tout en y associant ma quête intérieure.

2

J'ai huit ans quand mon frère me vole la vedette et l'amour de mes parents. Je ne suis plus leur fils unique. Cette naissance me déstabilise. Il est plus beau et plus fort que moi. Très vite j'envie son aisance sociale, son physique et son désir d'indépendance qu'il n'hésite pas à manifester, alors que je suis incapable de prendre une décision.

Pendant quelques années, il se plie à mes ordres mais tout change progressivement. C'est lui qu'on admire pour ses choix judicieux et moi qui ne propose aucune bonne idée. Du coup, je perds le peu de confiance que j'ai en moi.

Mes parents sont fiers de lui. Cette considération que je juge excessive me blesse à tel point que j'ai l'impression de ne plus exister. Un jour je l'emmène en forêt lors de vacances au Portugal. Ai-je l'intention de le perdre comme dans *Le Petit Poucet* ou d'inquiéter seulement mes parents et d'attirer leur attention ? Je n'en ai aucune idée mais mon initiative paye : ils sont affolés et nous cherchent. Notre retour est bien sûr l'occasion d'une punition exemplaire et bien justifiée.

De huit ans mon cadet il fait l'objet de toutes les attentions. Ce traitement de faveur perdure encore aujourd'hui. Il n'y a pas si longtemps, au moment du sacro-saint dîner de vingt heures, mon frère appelle et mes parents disparaissent pour lui parler pendant plus d'une demie heure, comme si c'était important ou grave. Et pendant ce temps-là le repas refroidissait. S'éloigner de moi pour parler à mon frère ! C'était tellement vexant ! Je ne peux m'empêcher de comparer. Ils ont plaisir à l'avoir au téléphone alors qu'avec moi le répondeur se déclenche. Je dois me contenter de laisser des informations utiles.

Heureusement, la méditation m'apporte beaucoup pour dépasser ces problèmes émotionnels et me permet maintenant d'établir un lien entre ma santé et la reconnaissance que j'attendais lorsque j'étais enfant. Mes parents n'ont jamais encouragé mes talents, ni en sport, ni en dessin. Ils passaient près de moi, regardaient ou ne regardaient pas, sans prononcer le moindre mot. Seule ma grand-mère me félicitait et accrochait dans son appartement les portraits ou les paysages que j'avais réalisés à l'aquarelle.

Si ces talents ne faisaient l'objet d'aucune marque d'estime de la part de ceux qui comptaient le plus au monde pour moi, ils avaient l'avantage de me construire une bulle de confort, même si elle n'était qu'une bulle d'illusion. Quand j'ai négligé ces activités, mes problèmes de santé sont apparus d'un coup.

Les premiers signes de la maladie ont été des acouphènes qui altéraient ma mémoire et ma concentration lorsque j'étais en licence de biochimie. Pendant plusieurs mois j'ai entendu en permanence des bruits de tambour, mais comme mes premières IRM et consultations d'oto-rhino ne révélaient rien, mes souffrances physiques et mentales n'ont pas été prises au sérieux. Pour les spécialistes, mon cas ne les concernait pas. C'était un peu comme s'ils me disaient : « Circulez, il n'y a rien à voir ! ».

La recherche constante de mes limites dans tous les domaines comme le sport ou la peinture où je passais parfois plus de vingt heures d'affilée à fignoler un tableau, à renforcer mes qualités d'endurance et de persévérance, me semble bien vaine maintenant que je suis dans un fauteuil. Elle l'était sans doute déjà quand je me donnais tant de mal sans pour autant susciter l'intérêt de mon entourage.

3

J'ai enfin l'occasion de sortir de ma prison mais je reste toujours craintif devant ce monstre extérieur qu'est le monde. Et cette crainte va s'accentuer graduellement.

Que s'est-il passé ? À l'âge de six mois tout va bien. Je vis à Tunis où mes parents effectuent un stage au lycée international. Ma première nourrice mange mes repas car le Ramadan la contraint à jeûner. La seconde s'occupe bien de moi. Je suis nourri au biberon. Mes bains durent trente minutes. J'adore prendre des douches avec mes parents. Je joue. Je ris. Je m'adapte à tout et tout me plait. Je suis un enfant facile à vivre. Est-ce le retour en France, la Normandie pluvieuse ou la crèche qui ne me convient pas ? Je deviens timide. Je n'arrête pas de pleurer et on me place avec les plus jeunes.

De la maternelle je n'ai gardé que de vagues souvenirs alors que l'école primaire marque le début d'un long cauchemar. J'ai du mal à me détacher de mes parents même pour quelques heures. Les autres enfants me font peur. Je me réfugie dans des coins pour ne pas me faire malmener. Ma poussette me manque.

Quand mon frère arrive dans ma vie ma timidité s'accentue. Je régresse. Je veux redevenir un bébé. Je me mets à faire pipi dans mon slip quand je suis dans un groupe d'enfants et qu'on me fait rire. Quelque chose s'est déréglé en moi, au niveau du psychisme ou des voies urinaires. Aussi, pour éviter d'être la risée de mes camarades tout en me protégeant du monde, je passe mes récrés aux toilettes. Bizarrement, ces accidents qui continuent quand je suis au collège ne se produisent jamais en entraînement ou lors d'une compétition sportive. Bizarrement encore mes parents ne s'en rendent pas compte et ne m'emmènent pas consulter. Pourtant elle est forte l'odeur d'un pantalon imbibé d'urine !

Seuls les cours de sport me permettent de me distinguer. Je me dis : « C'est l'occasion que mon père soit fier de moi. »

Malgré ma lenteur en classe, mon manque de concentration et mes sanglots quotidiens quand on me force à lâcher la main de ma mère et laisser mon doudou pour franchir la grille, je ne redouble pas.

Un vrai miracle ! Côté « sentimental », je n'ose pas regarder les filles et je me laisse influencer par mes camarades. L'un d'eux me pousse même à me faire couper les cheveux pour l'entrée en sixième. Je les porte longs et il me dit que je ressemble à une fille. J'obéis, puis je regrette. Ma personnalité se volatilise sous les quelques coups de ciseaux du coiffeur.

Heureusement, ma mère est prof de sciences naturelles au collège et je suis le fils de la prof, donc intouchable. Je gagne en popularité – en fausse popularité – et suis courtisé par les meilleurs.

Mais je reste introverti et facilement déstabilisé par le regard des autres. Mes hormones s'activent mais je manque de confiance en moi et je suis bien trop attaché à ma mère pour avoir une amourette. Cette dépendance maladive compromet toute relation avec une fille, d'autant que mes parents ne se privent pas de me faire comprendre que mes conquêtes ne sont jamais à la hauteur de leurs espérances et que je devrais me méfier…

Pendant les trois années de lycée, je ramène une seule copine à la maison. Immédiatement elle est passée au crible de leur regard incisif : est-elle digne d'intérêt ? A-t-elle fait des études ? Comment sont ses parents ? Puis-je lui faire confiance ? N'essaie-t-elle pas de me manipuler ? Toujours cette obsession ! Sans cesse ils me mettent en garde si bien que je me persuade que je n'ai pas l'intelligence de mes camarades et que tout le monde se sert de moi.

Quand j'entre en seconde, mon père a malheureusement changé de lycée. Comme il n'est pas là pour veiller sur moi je deviens ennemi de mes émotions.

Je suis en section S car mes parents veulent que je fasse médecine mais mes résultats sont très moyens. Je suis médiocre en tout. Je ne comptabilise qu'une seule aventure féminine et encore parce que la belle me séduit pour gagner un pari entre copines. Cela ne dure pas. Je n'ai pas les moyens de la retenir. Seul un garçon, fils d'enseignant lui aussi, est un véritable ami.

J'ai mon bac au rattrapage malgré de nombreux cours particuliers et le soutien de professeurs, amis de mon père. Non, je ne suis pas du tout le garçon brillant que mes parents attendaient.

Pourtant, malgré le stress, l'absence de confiance en moi et les émotions négatives je décide de suivre une formation d'animateur de colonie de vacances. Des camarades m'en ont parlé et je suis enthousiaste. J'ai l'impression qu'un déclic va se produire et que je n'aurai plus peur des gens.

4

La formation me plaît. J'apprends beaucoup. Je suis serein et même ambitieux. Je vais enfin pousser une porte qui me permettra de voir un monde nouveau.

À la suite de ce stage, je suis accepté comme moniteur dans un centre au bord de la Manche. Tous les enfants m'adorent. Je suis gentil et serviable mais au bout de quelques jours tout change. Un jeune me lance une vanne à laquelle je suis incapable de répondre. Le venin se propage. Ses camarades en profitent. Ils comprennent que je ne sais pas dire non. Je perds le semblant d'autorité que je cherchais à afficher. C'est l'échec total. Je m'isole des autres animateurs. Ma mission devient très difficile.

Une première dépression se met en place dès mon retour à la maison. Je suis comme sur un vélo sans pédales. J'ai l'impression de m'enfoncer sous terre. Je me sens humilié. Je ne peux pas satisfaire mes parents qui eux-mêmes ont été moniteurs dans leur jeunesse et pensaient que cette expérience serait nécessairement épanouissante. Je n'ai pas été à la hauteur de leurs espérances. Le pire, c'est qu'ils font semblant de ne pas remarquer mon malaise alors que le directeur de la colonie leur a fait part de mon incompétence à diriger des enfants. Mais pourquoi s'inquiéter ? Après tout, je reste très sportif. Sans doute aurait-il fallu consulter mais c'était rare, à l'époque, même dévalorisant, d'aller chez un psy. On essayait de ne jamais y avoir recours.

Je pensais que cet état s'atténuerait avec le temps mais l'échec de cette première activité d'encadrement est resté gravé en moi comme une cicatrice.

Mon père avait fixé des objectifs que je devais atteindre. Je n'y parvenais pas. Je ne me montrais pas digne de ses ambitions. Du coup, il les reportait sur mon petit frère qui grandissait libre et épanoui, réussissant tout ce qu'il entreprenait. Il ramenait les meilleures notes de sa classe et gagnait des médailles et des coupes à chaque compétition sportive, ce qui n'était pas mon cas.

Cette expérience malheureuse signe le

début d'une suite ininterrompue de déboires où mes parents interviendront sans arrêt pour tenter de me guider, mais ne parviendront qu'à me rabaisser davantage et à supprimer le peu d'assurance que j'ai en moi.

Certes, tous les parents qui s'intéressent à leurs enfants essaient de les diriger au mieux mais aujourd'hui, je ne sais pas pourquoi, j'ai l'amer sentiment que les miens ont volé involontairement mon autonomie en pensant que je n'étais qu'une source de problèmes.

Leur souci quotidien était de tout contrôler, comme si j'avais été sous curatelle ou atteint d'un retard mental. Ils m'écrivaient ce que je devais faire, ne me faisant confiance pour rien.

5

Avant d'intégrer le cursus de biologie que je mènerai jusqu'en maîtrise, mes parents me poussent à faire médecine mais je ne suis pas assez motivé. Je n'ai pas vraiment d'objectif. Je veux juste être différent, être moi, mais je ne parviens pas à m'exprimer alors j'applique docilement les consignes familiales. Je ne manifeste aucune opposition. On s'attend à ce que je travaille comme les autres avec acharnement pour réussir ma première année, mais très vite je me laisse entraîner loin des amphis par un passionné d'automobile qui m'apprend la conduite rallye. C'est dangereux et ça me plaît. En sport, je me contente d'un peu d'athlétisme et de quelques rencontres de basket, tout en continuant le karaté, la musculation et le lancer de boomerang, mais jamais plus de deux heures par jour. Pour moi, c'est peu et j'ai l'impression que ma santé physique, et aussi mentale, pâtit de ce relâchement.

Comme on peut s'en douter je ne réussis pas ma première année de médecine, aussi j'intègre l'université de sciences.

Côté sentimental, je m'éprends d'une fille qui n'en vaut pas la peine. Un amour destructeur. À la maison, mes parents me critiquent sans cesse, à tel point que je refuse de les accompagner dans leur voyage en Égypte.

L'année d'après, mon DEUG en poche, mes parents me payent un séjour linguistique d'un mois aux États-Unis, en Virginie du Sud où je serai logé dans une famille. Je suis ravi bien sûr mais, comme à l'habitude, on doute de moi : « Seras-tu capable de parler ? » s'interroge mon père. « Tu feras attention, tu es faible, tu peux te faire manipuler », me dit ma mère. De toute façon ma timidité maladive ne me permet pas la moindre conquête féminine.

J'ai vingt et un an et je suis incapable d'être autonome, j'en suis persuadé. Mes parents me le répètent sans cesse. J'aimerais que cela change car loin d'eux — ils ont raison — je me sens perdu. Une étrange contradiction m'habite : le confort que me procure le fait de ne jamais avoir à prendre de décision et d'être assisté en permanence, et l'inconfort de me retrouver seul face à mon incapacité à être autonome, d'autant que mes parents sont arrivés à me convaincre que tout ce que j'entreprends est voué à l'échec. Je m'entends dire souvent : « Tu es nul, tu vois bien que tu n'y arrives pas, tout ce que tu fais tu le rates, tu n'es pas capable ».

D'un autre côté ils me donnent tout. Je veux faire du parachutisme, mes parents payent. Je veux apprendre à piloter un avion, mes parents payent. Je parle d'un stage linguistique aux États-Unis, on me l'offre sur un plateau. On ne me dit jamais : « Tu n'as qu'à te le payer ». L'assistanat est devenu une deuxième peau, une peau dont je voudrais me débarrasser mais qui s'accroche à moi comme s'il m'était désormais impossible de l'enlever.

Ai-je une fois désiré quelque chose fortement ? Beaucoup de jeunes vers l'âge de quinze ou seize ans envisagent leur future carrière. J'ai eu des velléités de professorat dans le domaine du sport mais elles ont bien vite été étouffées par mon malaise quotidien. Était-ce de la paresse ? Était-ce une sorte de dépression ? Étais-je simplement un enfant trop gâté ? Un étrange paradoxe suscitant de nombreuses frustrations me tiraillait.

Avant de partir aux États-Unis, mon père m'a simplement dit : « Ça va te permettre d'avoir une nouvelle expérience, ce sera toujours utile, ce séjour enrichira ton CV ». Toujours le CV, la carrière, le futur. Et moi, là-dedans ? Sans doute suis-je injuste. Beaucoup se demandent certainement où était le problème. Je me le demande aussi. Je cherche. Pourquoi ressentais-je autant de malaise à vivre, à vivre tout simplement ?

Après l'obtention de ma licence de biochimie et biologie moléculaire durant laquelle j'ai ingurgité plusieurs centaines de pages d'informations, j'achève mon cursus par une maîtrise orientée vers la biologie du milieu marin. La rédaction d'un mémoire est nécessaire. Malgré une présentation laborieuse mon travail est apprécié. « On » (je suppose que ce sont encore mes parents) envisage pour moi une carrière dans la recherche. Le summum serait d'intégrer le CNRS. Je fais d'ailleurs un stage d'été à l'Institut français de recherche pour l'exploitation de la mer (IFREMER) mais le service militaire arrive à point nommé pour changer la donne.

Mes diplômes me permettent de postuler pour une place de coopérant à plusieurs milliers de kilomètres de ma Normandie natale. Depuis longtemps je rêve de prendre le large. C'est l'occasion. Je me revois encore dans le réfectoire de l'université, la lettre du ministère de la Défense à la main. Je l'ouvre et le mot « Martinique » me remplit de joie. Ma tâche consistera à y diriger une entreprise. Instantanément je suis enveloppé d'un vent chaud. J'imagine des palmiers, une mer turquoise, un sable blanc, des plages infinies. Je vais pouvoir voler de mes propres ailes ! Loin de mes parents, loin de ma poussette ! C'est l'extase. Je vais m'éclore telle une fleur au printemps. Enfin !

La fille qui mange à côté de moi me donne les coordonnées d'un ami martiniquais qui saura me faire découvrir les plaisirs de l'île. Que de joie et de lumière en perspective !

Je suis convoqué à Paris pour les formalités d'usage. Le briefing est des plus succincts. Je ne suis pas le seul coopérant et tout est prévu pour notre accueil.

Quelques jours plus tard, je m'envole pour Fort-de-France. Les hôtesses de ce gros Boeing me donnent accès à la cabine de pilotage où le commandant se dit impressionné par la pertinence de mes questions. J'ai effectué des sauts en parachute et j'ai déjà expérimenté le pilotage d'un petit avion. Il m'explique longuement le fonctionnement du tableau de bord tandis que le copilote affiche une parfaite indifférence.

Je suis au-dessus de l'Atlantique, à huit mille mètres d'altitude, la température extérieure est de soixante-dix degrés au-dessous de zéro. Ces instants que je passe dans ce cockpit sont magiques.

L'atterrissage se fait en douceur. Comme on me l'a annoncé au ministère nous sommes plusieurs coopérants, logés à quelques mètres de la plage. À peine avons-nous déposé nos valises que nous nous précipitons dans les flots pour une baignade au clair de lune.

Dès la première semaine, je visite l'entreprise que je suis censé diriger. Malheureusement, comme si je portais avec moi la malchance, trois jours après mon arrivée, les problèmes économiques entraînent sa fermeture. Le responsable de la coopération me cherche une nouvelle activité qui consiste à gérer l'encadrement des aquaculteurs de Martinique – autrement dit, des éleveurs d'animaux marins.

Je suis ravi et toujours à dix mille pieds au-dessus de la Terre.

Mais de lourdes responsabilités me font vite oublier la joie, la beauté et l'amour de la vie. De nouveaux problèmes économiques surgissent, décidément! Un matin, alors que je m'apprête à prendre mon poste, on m'apprend que c'est fini, que l'entreprise n'est plus en mesure de m'employer. Tout a été organisé pour mon retour vers la France, alors qu'il me reste encore un an de coopération à effectuer. On ne me demande même pas d'achever mon « service » dans un bureau en métropole et je ne pose aucune question, sans doute parce l'un des responsables de la pisciculture que j'ai rencontré en Martinique va intervenir pour me faire entrer à l'école de Sète qui prépare au diplôme d'université de chef de projet en aquaculture.

6

Après la Martinique, la déprime, encore et encore. Mon séjour en Outre-mer s'éloigne. Finies les grandes vacances ! Ce retour en France ressemble à l'entrée dans un tunnel bien noir.

Je réussis malgré tout à trouver un stage au sud de la Norvège, à Bergen, où je suis chargé d'analyser les écailles des morues au microscope afin d'en déterminer l'âge au moment où les pêcheurs les ont ramassées dans leurs filets. Ces statistiques permettent de savoir s'il y a eu surpêche. Laborieux mais bien rémunéré, ce travail me fait oublier mes angoisses. En parallèle, je m'éprends d'une Norvégienne.

J'intègre ensuite une équipe de recherche réputée pour avoir publié dans la revue *Science,* très connue dans le monde scientifique. J'y étudie le comportement des écrevisses.

Néanmoins, quels qu'ils soient, mes projets me paraissent inaccessibles et je cherche refuge dans le passé, même si j'en garde surtout les mauvais souvenirs. Persuadé que mon avenir sera aussi vain que ce que j'ai vécu jusque-là, je me convaincs que tout ce dont je rêve sera voué à l'échec. Et malgré des balades inoubliables sur des glaciers et dans les fjords, je reste incapable de créer du contact. C'est la raison pour laquelle je suis perpétuellement insatisfait des bons moments que je passe dans ce pays merveilleux. De plus en plus déprimé et déçu par mon inaptitude sociale, je rentre en France sur un coup de tête.

À mon retour et pour me changer les idées, mes parents m'offrent un voyage au Sénégal. J'y reste un mois complet. Je vais d'abord à Dakar pour y rencontrer un copain connu en licence qui y effectue un stage pour compléter son diplôme d'herboriste. Je me dirige ensuite vers le sud du pays, poussé par un désir d'aventure. Mon objectif est d'atteindre Ziguinchor, en Casamance mais j'y attrape le choléra et suis rapatrié en urgence. Retour à la case départ, dans la maison familiale. J'ai vingt-sept ans.

Même si ma maladie tropicale est bien guérie, une grande fatigue m'envahit progressivement. Je suis persuadé que je ne peux pas bouger mes jambes alors qu'elles ont gardé toute leur agilité. Je n'ai ni perte de sensibilité, de motricité, ni de l'audition, ni de la vue mais peut-être une incommensurable perte de volonté qui m'entraîne vers le fond.

Inquiets de me voir ainsi, mes parents m'emmènent chez un psychiatre. Ma mère insiste pour être présente pendant la consultation et veut répondre à ma place. Le médecin lui dit : « Non, c'est lui que je veux entendre. » Il lui demande de sortir car elle reste là, à disserter devant son bureau. Pendant les dix séances qui suivront elle patientera à côté, l'oreille très certainement collée contre la cloison. Que d'amour possessif !

Ce début de psychothérapie m'amène à me poser des questions. Mes parents ne seraient-ils pas un peu responsables de mon état ? Mais je rejette immédiatement cette idée. Ils m'ont tant donné ! Et quand j'en prends conscience, je ne peux m'empêcher de penser : « Quel gâchis ! Pourquoi je ne fais rien de tout ce qu'ils m'ont offert ? »

Le psychiatre qui me suit me donne un médicament, sans doute un anxiolytique, sans envisager que je puisse avaler la boîte entière en une seule prise. Je lui en voudrai d'avoir mis ces médicaments à ma portée. N'était-ce pas plus simple de reporter ainsi la faute sur le psychiatre plutôt que d'assumer la responsabilité de mon acte ?

C'est mon père qui me découvre agonisant dans ma chambre. J'ai quand même pris soin d'avaler les comprimés au moment où mon absence au petit déjeuner allait être remarquée. Était-ce un appel au secours ? Avant de commettre mon geste, j'ai quand même pensé à ma vie qui ne valait rien, en me disant : « Puisque je suis invisible ma mort sera à peine remarquée ».

Au lieu d'appeler le Samu, mon père me charge sur son dos et me conduit lui-même à l'hôpital de Bayeux. Il a certainement été plus rapide qu'un fourgon hospitalier… Tant d'empressement pour me sauver, alors que je ne me suis pas soucié une seconde de l'attachement de mes proches, de leur douleur s'ils me perdaient ! Mon acte était effectivement très égoïste.

Suite à cette tentative de suicide, mes parents reprennent le contrôle de ma vie et me font interner en hôpital psychiatrique, convaincus que c'est moi qui ai des problèmes, pas eux. Ils ne se posent pas la question de savoir si ce désordre psychique n'aurait pas une autre origine.

Léthargique et affaibli, je n'oppose aucune résistance. On me donne pendant dix jours des médicaments qui m'assomment. À l'issue de ce sommeil artificiel, mes velléités d'en finir disparaissent et les psychiatres décident de me *relâcher*.

Ma maladie semble avoir été effacée. En fait, les médicaments l'ont juste occultée.

J'incrimine ces spécialistes qui n'ont sans doute pas su déceler les racines de mon mal. Ce manque de confiance dans leur diagnostic me poussera plus tard à refuser une nouvelle consultation qui aurait certainement été salutaire.

Psychiatre ou psychologue sont pour moi, à ce moment-là, comme bonnet blanc ou blanc bonnet. Mais là encore je me demande maintenant si c'était mon sentiment ou celui de mes parents. J'avais tellement besoin de savoir comment je fonctionnais vis-à-vis de mes émotions passées pour vivre le présent qu'une thérapie s'imposait… mais le mot « psy » était tabou, alors autant trouver ça inutile.

À la rentrée, j'intègre la fameuse école de Sète, spécialisée dans le domaine de l'aquaculture. Les enseignements sont très enrichissants et les débouchés nombreux, garantis par un diplôme d'université de chef de projet. Malgré tout, je continue à me concentrer sur ce que je n'ai pas ou ce que je n'ai plus, comme le paysage équatorial de la Martinique, les fjords de la Norvège… Au bout de quelques mois, j'ai l'impression d'être traversé physiquement et psychiquement par des rivières glacées. C'est affreux. Que se passe-t-il dans mon corps et dans mon esprit ?

Je termine quand même cette formation et affiche mon CV dans une revue européenne d'aquaculture. Dans l'attente de propositions, je retourne chez mes parents et me réinscris à l'université de Caen en DESS d'économie, tout en me rapprochant des Norvégiens qui y ont établi un institut culturel. Je me plonge avec délice dans l'étude de la langue norvégienne lorsque je reçois un appel inespéré.

7

Un homme d'affaires, au Maroc, envisage de créer une ferme d'aquaculture et a besoin de personnes compétentes. Il semblerait que je réponde à ses attentes.

L'entretien d'embauche se déroule à Antibes, dans le sud de la France. Je ne sais pas pourquoi mais il ne me vient pas à l'idée d'y aller en avion ou en train. La voiture me paraît être le seul moyen de transport possible pour se rendre sur La Côte. Mes parents m'en prêtent une mais me conseillent de me choisir un passager ou une passagère, estimant que le trajet est trop long pour le faire seul. Je m'exécute. Le marin que je suis attrape dans ses filets une belle sirène qui s'avèrera être en fait... pleine d'arêtes. Nous avons une aventure en chemin mais une fois arrivés à Cannes, elle me largue.

L'entretien à Antibes se passe bien et l'on décide de m'embaucher. Je signe un contrat qui me semble être un CDI relevant du droit français.

En fait, je signe sans vraiment lire, trop content d'avoir trouvé un travail !

Le temps s'accélère. Tout est nouveau. Je reviens en Normandie où j'ai une semaine pour me préparer. Je passe une nuit à Paris chez ma grand-mère et prends le train, le lendemain, en direction de Gibraltar. Le trajet dure trente-six heures. L'un des passagers me recommande de rester éveillé pour ne pas me faire voler mes bagages, mise en garde que confirment les agents de la SNCF. Résultat : je ne dormirai pas une seule minute.

Arrivé en gare de Madrid où je fais escale, je me mets à arpenter de long en large le quai pour rester éveillé. Mon attitude attire des inspecteurs en civil qui me tombent dessus de manière violente et me passent les menottes. Ils me relèvent et se mettent à me fouiller tout en me posant des questions sur ce qu'ils croient être mon trafic de drogue. Rassurés par mes réponses ils me libèrent sans même s'excuser.

Cet incident va me sensibiliser à tel point que je retirerai les moteurs des bateaux de mon entreprise quand je serai en poste.

J'arrive enfin au Maroc, pays que je ne connais pas, pour créer une ferme aquacole d'une capacité de quatre-vingt mille poissons. L'imposante infrastructure reste à créer, le personnel à embaucher et les alevins à commander, le tout pour des milliers d'euros. Un autre Français a déjà commencé à travailler sur ce projet depuis la France. J'ignorais que je ne serais pas seul maître à bord et cette situation inattendue me crée du stress, même si mon acolyte est sympathique et que sa présence me rassure, vu la taille gigantesque de la future entreprise.

Il m'invite d'ailleurs dans un centre balnéaire pour faire plus ample connaissance. Là, il m'encourage à draguer les filles, ce qu'il fait avec aisance du haut de son mètre quatre-vingt-dix.

Le lendemain matin, à six heures, nous nous rendons sur le port, à l'endroit même où sera construite notre infrastructure. La journée commence par un thé à la menthe, en compagnie d'autres marins. Nous avalons une soupe bien épicée (la chorba), une sorte de galette salée (Rghaïf), une portion de Vache qui rit et un café qui ressemble à du mazout.

Un quart d'heure plus tard, devant nos filets verts étendus sur l'un des quais du port, je comprends mieux la raison de ce repas de guerrier.

Notre station aquacole se résume pour l'instant à deux petits bateaux de la taille d'un zodiaque arrimés à une borne, et à un gros cube en fer bleu avec fenêtre et porte faisant office de bureau.

Les seize filets verts doivent être assemblés pour servir de poche pour les huit cages d'aquaculture. Les ouvriers qui ont été recrutés par mon coéquipier sont déjà à l'œuvre. Nous devons les former et je dois moi-même apprendre à coudre les poches pour être en mesure de vérifier leur travail.

Même si j'ai fait de la voile durant mon adolescence je connais peu de chose aux nœuds requis pour cette activité. Je prends exemple sur mon collègue qui est un marin expérimenté et adore le travail physique. Les premiers jours sont durs mais les nombreux cafés-mazout que je bois à tout bout de champ m'aident à tenir.

Le travail est épuisant mais formateur. Je suis ravi car j'apprends. J'ai l'impression d'avoir atterri sur une autre planète. C'est l'été. Il fait beau, il fait chaud. J'ai le soleil et la mer pour partenaires : je suis heureux et motivé. Par chance mon passé ne me hante pas et j'ai à peine commencé à vivre dans le présent que je me projette déjà dans le futur. Même si mes journées sont bien remplies, mes périodes de repos favorisent l'élaboration de projets comme le développement de l'aquaculture au Maroc, idées qui hélas s'épuiseront dans l'œuf.

Dans les premiers temps, j'emmagasine de nombreuses connaissances car je ne connais de l'aquaculture que la théorie. Cet apprentissage pratique est utile pour s'entraîner à arrimer les bateaux avec les nœuds adéquats et à confectionner les poches qui contiendront chacune vingt mille alevins.

La pause-déjeuner s'accompagne de sardines grillées, de tomates, de pommes de terre, de poivrons, d'échalotes et d'ail. Je pense enfin que mes compétences sont valorisées, vu la taille de l'équipe qu'on me confie. Mon diplôme de chef de projet en aquaculture semble porter ses fruits. Mes patrons m'envoient même en formation en Espagne pour apprendre à fabriquer des médicaments destinés à soigner leurs loups de mer et leurs daurades.

Mais si je reste motivé, je garde toujours les mêmes symptômes : la peur des autres et l'angoisse de l'avenir. Dans ce nouveau contexte je serai davantage amené à côtoyer les poissons que les humains, mais les sempiternelles mises en garde de ma mère pour me protéger m'obsèdent chaque jour et ne tardent pas à se réaliser. « Méfie-toi ! Tu sais bien que les gens profitent de toi ». En effet, les hommes d'affaires qui ont avancé les capitaux pour créer cette ferme aquacole m'exploitent. Il s'avère qu'ils m'ont fait signer un contrat qui n'a aucune valeur juridique et n'est reconnu ni en France, ni au Maroc. Ils le déchireront même sous mes yeux à l'occasion d'un différend que nous aurons quelques mois plus tard.

En attendant d'y voir plus clair dans leur jeu, je gère l'équipe. Être confronté aux émotions des uns et des autres m'est certes difficile mais je travaille dur et de nombreuses heures pour donner satisfaction. Je maltraite aussi mon corps et mon psychisme durant mes nuits blanches passées à boire de la vodka et à fumer du haschich. Je teste même de la cocaïne. Je me crois éternellement en bonne santé ce qui me donne le droit d'abuser. Pour moi, le handicap, ce sont les autres.

Et pour tenir pendant la journée j'absorbe du Guronsan et du café à toute heure et à haute dose.

Mes peurs liées à mon manque de confiance en moi et aux réflexions de ma mère m'empêchent de vivre à fond mes relations professionnelles et me paralysent dans mon quotidien. Si un employé se montre trop proche je pense immédiatement qu'il cherche à tirer parti de mes faiblesses. Je guette avec inquiétude les obstacles qui finissent par m'entraver dans la réalisation de mon travail.

Dès que je dois agir mes angoisses me paralysent. Je suis en permanence handicapé dans mes pensées et finirai par être handicapé dans mon corps tout entier. La langue et la culture que je ne maîtrise pas ne font qu'accentuer mon malaise.

Cependant, un événement heureux me permet d'oublier un peu mon stress quotidien : je tombe amoureux. Ses yeux de biche, son regard de velours, ses longs cheveux bruns me font chavirer. Elle s'appelle Marwa ! Elle est belle, à peine plus jeune que moi et très bien éduquée. Elle étudie la géographie à l'université de Tétouan. Elle est là pour parfaire ses connaissances en aquaculture… ou pour se chercher un aquaculteur. C'est d'ailleurs elle que j'épouserai en France trois ans plus tard.

8

Je travaille depuis quelques mois lorsque la direction décide de transformer mon salaire d'expatrié en salaire d'employé local. Un montant ridicule ! C'est scandaleux mais j'accepte. Je ne sais pas dire non. Cette activité m'intéresse et je continue. On rit de me voir aussi engagé pour un salaire de misère. Je sauve pourtant l'ensemble de l'élevage de daurades et de loups grâce à la fabrication de mes médicaments mais on n'en tient aucun compte. De toute façon, je ne demande rien. Je suis mordu de biochimie et on profite de moi en abusant de ma résilience.

Ma passion me conduit même à ramener tous les soirs du travail à la maison : des poissons que je dissèque dans ma chambre à coucher et laisse pourrir sur le carrelage au pied de mon lit. L'atmosphère empeste mais je vois quand même la vie en rose. Pour une fois ! Peut-être parce que les poissons me semblent mille fois plus importants que mes problèmes. Je suis heureux et j'en oublie mes soucis.

Je me souviens être resté de nombreuses heures à analyser sur ordinateur la croissance des poissons, à avoir frôlé la mort en plein hiver et en pleine tempête, juste pour vérifier les poches. J'en ai réparé plusieurs à dix mètres de fond et côtoyé des spécimens d'une très grande taille, paniqué à l'idée qu'ils puissent être des requins attirés par notre élevage.

Je garde de si beaux souvenirs de l'installation des cages d'aquaculture ! Des camions étaient arrivés, transportant deux énormes citernes frigorifiques remplies de quatre-vingt mille alevins. Je les avais acheminés à l'aide d'un tuyau vers les cages qui flottaient dans le port avant de les transférer, à la tombée de la nuit, vers le large. J'avais travaillé à peu près vingt heures d'affilée.

Quels moments inoubliables ! La lune éclairait le plancton. Comme le bateau que je conduisais remuait ces algues microscopiques, j'avais l'impression de chevaucher une étoile filante. J'étais comme le petit prince de Saint-Exupéry, absolument émerveillé. Et pourtant je n'avais consommé aucune substance hallucinogène.

Toutefois, même si j'éprouvais du plaisir à

contempler seul un beau paysage, ma tête continuait à penser anxieusement à des événements négatifs inexistants.

Mon corps restait silencieux et résistait. Mais ses limites étaient dépassées et il avait décidé de me faire du mal pour que je l'écoute enfin. Les symptômes étaient de plus en plus fréquents.

Ma maladie apparaissait comme une sorte de sonnette d'alarme annonçant le fameux burn-out. Des douleurs abdominales m'étreignaient chaque jour. J'avais le mal de mer sur terre avec une nausée permanente. Je continuais à courir une heure tous les soirs mais lorsque je terminais ma course, j'étais plus fatigué qu'à l'accoutumée. Je n'en pouvais plus

Ma tâche devenant de plus en plus prenante, je m'accordais très peu de sommeil. Je vivais une véritable addiction au travail. Plus rien ne m'arrêtait. Telle une locomotive sans freins j'étais lancé à toute vitesse sur des rails qui n'allaient nulle part. Tout semblait tourbillonner autour de moi. Était-ce dû à mes excès de Guronsan et de café ou à mon état psychique général qui se détériorait peu à peu ?

Mes déprimes à répétition semblaient être la conséquence de cette maladie inconnue et orpheline qui s'installait en moi et non pas de troubles psychosomatiques. Pour autant que je puisse le comprendre aujourd'hui, cette étrange maladie enfonçait chaque jour ses puissantes racines dans mes muscles, mes nerfs et mon psychisme.

Toujours est-il qu'en dépit de ma santé en sursis, l'aquaculteur fou que j'étais devenu cultivait aussi sa belle rose marocaine à tel point que nous envisagions même le mariage. Elle m'avait persuadé que je pouvais trouver mieux qu'un salaire local et qu'il fallait rentrer en France, ne serait-ce que pour pratiquer les examens médicaux qu'exigeait mon état.

Nous voilà donc embarqués dans un bus en direction de Paris. Ma grand-mère nous héberge. Mes parents, à qui j'ai demandé de remplir en urgence les papiers pour que ma compagne puisse obtenir son visa, sont aussi présents. De retour en Normandie, ils se montrent de plus en plus envahissants et ma mère devient hargneuse, ne cessant de critiquer Marwa pour un oui ou pour un non. J'en prends soudain conscience. J'observe sans comprendre l'injustice dont elle fait l'objet et la soudaine méchanceté d'une belle-mère possessive.

Bien que j'aie pleuré des milliers de larmes quand ma mère me laissait devant la grille de l'école, je veux maintenant rompre ce cordon qui me lie à elle de manière pathologique. J'aimerais disparaître, me cacher, être loin d'elle et de mon père ! M'éloigner ! Vite ! L'élue de mon cœur est à bout. Elle ne transigera pas. C'est elle ou eux. Nous décidons de prendre le large et filons à l'anglaise. Jusqu'à la dernière minute mes parents ne se douteront pas que nous partons. Je vis cet acte de bravoure comme une revanche mais aussi parce que Marwa ne me laisse pas le choix.

Nous jetons notre dévolu sur Cannes ! Le soleil, les palmiers et la mer nous font rêver. Nous arrivons dans la capitale du cinéma en plein automne. Je trouve un travail en aquaculture dans une grande ferme d'élevage. Cet emploi très physique nécessite tout de même une certaine pratique. Ma tâche est de nourrir les poissons, réparer les bateaux et plonger à vingt mètres de profondeur pour y rafistoler les filets, même en plein hiver. Passionné par mon métier d'aquaculteur, je désire encadrer la quinzaine de personnes que compte la station mais on ne me le propose pas. Comprenant au bout de quelques mois que je ne resterai qu'un employé subalterne, je démissionne.

Pendant ce temps, ma compagne effectue silencieusement les démarches administratives pour notre mariage qui aura lieu en petit comité, à Cannes. Mes parents ne seront pas informés. Ma mère l'apprendra quelques mois plus tard par une lettre d'huissier adressée à monsieur et madame Fabien Lerch, ma femme ayant oublié de régler notre loyer.

En juillet 2003, sans travail et assailli par mes problèmes de santé, je contacte le centre d'action sociale de la ville de Cannes (CCAS). J'y suis reçu par l'une de ses collaboratrices qui évoque la possibilité, vu la dégradation de ma santé, d'obtenir auprès de la Maison départementale des personnes handicapées (MDPH) une reconnaissance (RQTH), voire même une allocation.

Encouragé par cette lueur d'espoir, je trouve un autre travail en aquaculture tout en répondant à l'annonce d'un collège qui recherche un professeur de biologie et de géologie. Je signe avec le rectorat de l'académie de Nice un contrat à durée déterminée de trois mois renouvelable. Le proviseur m'assure qu'il sera reconduit jusqu'à la fin de l'année scolaire.

J'abandonne ainsi mes projets dans le domaine qui me passionne et deviens professeur de sciences et vie de la Terre comme… oui, comme papa et aussi comme maman.

Mais cette activité me demande plus de préparation que prévu car je dois adapter mon discours à mon public, en l'occurrence des jeunes. Tout devient dur, physiquement et mentalement. Je suis beaucoup plus fatigué qu'en temps normal et épuisé après un footing hebdomadaire de deux heures.

La rencontre avec une chargée de mission de la MDPH de Nice durant ce premier trimestre d'enseignement tombe à pic. Elle me pose de nombreuses questions et m'aide à remplir deux dossiers, l'un pour une demande d'allocation (AAH) et l'autre pour la reconnaissance de travailleur handicapé (RQTH).

Je suis satisfait de cet entretien et persuadé – sans doute ai-je mal compris – que je toucherai cette aide financière en plus de mon salaire d'enseignant. Je suis même heureusement surpris qu'il y ait une certaine justice dans ce monde. Je suis loin de savoir qu'on ne peut cumuler un salaire et l'AAH, contrairement à ce qui est dit dans les textes.

9

Dans mon corps, quelque chose change mais je refuse de voir la réalité, malgré la déprime et les douleurs qui s'accentuent de jour en jour. Le matin, quand je me lève, le sommeil ne m'a pas permis de récupérer. Je continue pourtant les balades avec ma femme dans l'arrière-pays cannois et même du côté de Courchevel, c'est superbe.

Ma maladie évolue et elle est invisible. Mon épouse me force à consulter. Rien qu'en me regardant marcher et après quelques tests, mon médecin généraliste me recommande deux confrères, un neurologue et un psychiatre. Je refuse le psy, persuadé que si je n'étais pas allé en voir un quelques années plus tôt je n'aurais pas tenté de me suicider.

Le neurologue m'ausculte froidement et rédige une ordonnance pour des tests au CHU de Nice. Je m'inquiète. Pourquoi est-il si froid, si expéditif ? Et pourquoi aller jusqu'à Nice ? Je sors de cette consultation complètement dévasté.

Les rendez-vous sont obtenus en urgence. Un interne de l'hôpital Pasteur me place des électrodes sur la tête, comme dans *Orange mécanique*, le film culte des années soixante-dix. Mais il se trompe dans ses réglages et une décharge trop élevée me fait perdre connaissance. En dehors de cet incident, l'encéphalogramme ne révèle rien d'anormal.

Quelques jours plus tard j'ai droit à une ponction lombaire. De nouveau je m'évanouis. L'aiguille démesurément longue que l'interne m'enfonce dans la moelle m'envoie sur le champ du 220 volts. Quand je reviens à moi, un médecin titulaire a pris le relais. Ce passage en hôpital de jour n'est pas pour me rassurer. Je regrette presque d'avoir accepté de faire tous ces tests, même si j'espère, au fond, que la médecine, saura mettre un mot sur mes symptômes.

Les résultats arrivent par la poste. L'analyse de mon liquide rachidien est très rassurante : ni infection, ni sclérose en plaques (ce que l'on craignait), ni inflammation du système nerveux central, ni méningite, ni cellules cancéreuses, ni syndrome de Guillain Barré... Et pourtant mon corps ne va pas bien. À différents moments de la journée, des contractions musculaires paralysent mes jambes pendant quelques minutes, me contraignant à rester à la maison de peur de ne pouvoir rentrer. Lorsque je m'allonge, les symptômes s'aggravent. Mes pieds se tendent involontairement comme si je faisais des pointes de danseuse. Mes genoux ne se plient plus. J'ai l'impression d'avoir des jambes de bois. Je suis très inquiet. Que se passe-t-il en moi ? Pourquoi mes muscles réagissent-ils de cette façon-là ? Ma santé se dégrade progressivement.

En tant que malade débutant, je ne sais pas encore affronter la douleur que génèrent ces crises. Je suis comme un appareil dont le système électronique – mon système nerveux – se serait déréglé et qui activerait toutes ses commandes au même moment et sans aucune logique. Quand je marche, mes cuisses se contractent lorsqu'elles devraient se détendre et il en est de même pour mes mollets.

J'ai aussi la sensation d'avancer dans de la vase, avec des bottes remplies d'eau ou de verre pilé. Je saisis enfin l'expression avoir des fourmis. Elles grouillent le long de mes jambes.

De plus en plus casanier, je continue pourtant à me rendre à mon travail. J'y vais en voiture, malgré une gêne évidente. J'escorte aussi mes élèves depuis la cour jusqu'à la salle de classe comme le veut le règlement.

Au collège, mes journées ne sont pas motivantes. Mon travail est pénible et fatigant. Je ne peux plus faire de sport : ni course, ni nage, ni promenade. Mon périmètre de marche se réduit chaque jour davantage.

À la fin du trimestre, juste après le renouvellement de mon contrat d'enseignant, je suis convoqué à la MDPH. Les membres de la commission veulent vérifier les éléments que j'ai apportés à mon dossier. Ils sont six, assis derrière une longue table. Ils m'observent et me posent des questions. Je dois repréciser les symptômes que j'ai déjà abondamment décrits sur le papier. J'ai l'impression de passer un concours administratif. Dans une pièce attenante, un médecin m'examine.

La décision m'est envoyée quelques jours plus tard. Bien que favorable et m'accordant le bénéfice de l'AAH, elle évalue mon taux de handicap à 79%, ou plus exactement entre 50 et 79%. Un sentiment d'injustice m'envahit. Ma femme qui sait que je peux obtenir davantage, notamment la prestation de compensation du handicap (PCH) si mon taux atteint 80%, me pousse à faire un recours.

Je décide alors de jouer mon rôle à fond. Première phase : je démissionne de mon poste d'enseignant qui exige trop d'efforts physiques. Je n'aurai finalement occupé ce poste que six mois. Deuxième phase : j'ajoute une deuxième canne à la première. Troisième phase : nous quittons notre appartement pour un logement plus adapté, dans un immeuble équipé d'un ascenseur. Quatrième phase : je m'entraîne à exagérer considérablement mes symptômes.

Lorsque je me présente devant la commission des recours, traînant péniblement mon corps, j'ai tellement pris l'habitude de ne plus pouvoir marcher que je réussis mon « examen » haut la main. Les 80% me sont accordés sans hésitation, tout comme la PCH car je suis désormais sans ressources.

10

C'est à partir de là que tout change. J'entre dans la peau de l'handicapé et ce n'est pas une métaphore. Ma peau, mon système nerveux superficiel se mettent immédiatement en mode « je ne peux plus marcher » et se détériorent rapidement.

Je suis la résultante de ce que l'on pourrait appeler *les effets pervers du système,* ce dernier signifiant les aides de l'État français. Si je n'avais pas connu ce principe d'assistanat, je crois que je marcherais encore. Je n'aurais pas sombré dans la facilité et la paresse.

Je recherche le confort et évite tout effort. Je ne nage même pas, alors que mon kiné me l'a conseillé. Je refuse tout ce qui pourrait remettre en cause mon taux d'invalidité de 80%. Comme il devra être renouvelé tous les deux ans, je joue mon personnage à fond.

Grâce à cette allocation, à laquelle s'en ajoute une troisième (l'aide au logement), je mesure la chance qui est la mienne de ne plus avoir à affronter la société. Retiré du monde par cette absence de travail tout me paraît simple et lumineux. Je pense être sorti du tunnel ! Je vais enfin pouvoir vivre et ne plus survivre. Je fais ce qui me plaît à longueur de journée. Je suis libéré de mes contraintes : horaires, copies à corriger, élèves qu'il faut recadrer, conseils de classe, bouchons le matin…

Je m'installe dans cette illusion de bien-être en attendant que la médecine me sauve, tout en imaginant qu'un bon avenir va s'ouvrir devant moi. Mais je me trompe ! Si l'avenir est le fruit d'un arbre qui s'appelle le présent, lequel pousse sur le terreau des bonnes leçons apportées par le passé, je n'aurai pas d'avenir car mon présent est dépourvu d'actions.

Puis soudain, je découvre la face cachée de l'assistanat. Alors que je m'adresse à ma banque pour obtenir un crédit à la consommation, je comprends que je ne suis plus un citoyen ordinaire mais un *assisté* qui n'a pas le droit d'emprunter. Je me rends dans d'autres banques mais la réponse est identique : « Comme votre AAH est insaisissable, vous ne pouvez pas nous garantir le remboursement de votre prêt. Or, sans garantie une banque ne prête pas ». Pour faire court : un allocataire

AAH touche des aides qui lui permettent de manger, de se loger et de dormir. Toute activité non essentielle est à proscrire, au détriment de sa réinsertion professionnelle et de la revalorisation de son identité.

Je suis donc devenu sans le savoir prisonnier de ce système.

Il y a quinze ans, quatre choix s'offraient à moi mais je me suis contenté du premier.

Choix 1. Mes aides : AAH, PCH (incluant l'aide à la personne – ma femme remplissant très efficacement ce rôle –) ainsi que l'allocation logement, sont versées chaque mois. Si je ne travaille pas et si mon épouse n'a pas d'emploi dépassant le smic, je toucherai toujours ces mêmes montants. Cette solution est sans surprise et me satisfait. J'entrerai dans ce moule sur les conseils du représentant de Handy Job, chargé de la réinsertion professionnelle des personnes handicapées.

Choix 2. J'aurais pu retrouver un emploi de salarié, enseignant par exemple, mais le système m'aurait obligé à des calculs complexes pour conserver mon AAH. Ce petit complément aurait de toute façon été absorbé par le coût du transport, générant par ailleurs une grande fatigue et le retrait de ma PCH. Quel aurait été l'avantage de perdre ce confort et cette liberté pour un statut légèrement plus valorisant que celui d'assisté à plein temps ?

Choix 3. Devenir auto-entrepreneur ou travailleur indépendant aurait été envisageable mais c'était prendre un risque considérable, comme celui du funambule qui évolue sans filet. Si je gagnais la première année, l'AAH m'aurait été supprimée l'année suivante avec ou sans revenu d'activité.

Choix 4. J'aurais pu trouver un travail de cadre avec un salaire en rapport avec mes diplômes. Gagnant convenablement ma vie, la question de l'AAH ne se posait plus. J'aurais acquis une véritable identité sociale et professionnelle. J'aurais « réussi ma vie », selon les critères de mon père.

Pour être franc je n'ai jamais envisagé cette dernière solution, sans doute parce que j'avais goûté à l'assistanat et qu'il m'était plus facile de vivre en gagnant moins. L'argent tombait chaque mois sans contrepartie et ma femme s'en contentait. Je n'avais pas à me lever le matin, je n'étais plus confronté à la société, on n'attendait rien de moi, ni résultat, ni performance. Je pouvais passer ma journée à ne rien faire ou à me plaindre. J'étais de retour dans ma poussette.

J'ai donc suivi le choix 1 sans me poser de questions. Devenu handicapé je jouais mon rôle. Ma femme m'y encourageait, inquiète à l'idée que l'on puisse me retirer une partie de mon allocation ou que je cherche à développer un semblant d'indépendance.

Rien, dans notre pays, n'incite une personne handicapée à trouver ou retrouver un travail. La législation est complexe, embrouillée, les textes se superposent. Même les organismes censés renseigner le public, comme le CCAS, la MDPH ou le Handy Job ne semblent pas les maîtriser parfaitement. Ne vous attendez donc pas à ce qu'ils vous expliquent pourquoi une personne qui perçoit l'AAH peut conserver (en plus de son allocation) l'intégralité des revenus perçus pendant trois mois si son emploi est salarié (remplacement en collège ou en entreprise par exemple), alors que les mêmes montants gagnés par un travailleur indépendant handicapé qui se fatigue à la tâche et prend des risques seront comptabilisés en totalité et retirés de son AAH l'année suivante. Devant tant d'absurdité et de cas particuliers, les conseillers vont à l'essentiel. Le seul organisme qui jongle efficacement avec ces données est l'organisme payeur, la Caisse d'allocations familiales, mais elle ne reçoit plus le public depuis des années.

J'ai découvert à trente-quatre ans ce monde que je ne connaissais pas. Avais-je envie de m'en sortir ? Je ne me souviens plus… je ne pense pas. Toujours est-il que le représentant de Handy job m'a immédiatement mis en garde : ce serait dommage de perdre mes acquis sociaux pour un emploi qui m'épuiserait.

Pour résumer, les allocataires, tous niveaux d'études confondus, préfèrent vivre à la limite du seuil de pauvreté plutôt que perdre le sûr pour l'incertain. Se forme ainsi en France une société d'assistés, de personnes handicapées qui pourraient occuper des postes à responsabilité, si on voulait vraiment les aider. En attendant, leurs cerveaux et leurs compétences s'étiolent.

11

C'est trois ans plus tard, en 2006, que je fais la demande d'un fauteuil roulant auprès de mon médecin traitant. Le chauffeur du taxi médicalisé qui m'accompagne chaque jour chez le kinésithérapeute en a marre de me voir souffrir avec mes cannes, aussi me le recommande-t-il fortement. Il est effectivement plus simple pour lui de le plier dans son coffre et de me pousser jusqu'au secrétariat qui lui tamponne son papier, plutôt que de me suivre en s'impatientant.

Mon fauteuil ! Mon cher fauteuil ! Ai-je hésité à l'adopter ? Même pas. Je suis allé le chercher à la pharmacie la plus proche muni de l'ordonnance.

Je l'utilise même à la maison. C'est un peu comme si je me réfugiais dans ma poussette d'enfant. Grande et pas très attirante mais une poussette quand même !

Je redécouvre la mobilité et la rapidité dans tous mes déplacements. Mes bras ont conservé leur force d'athlète et m'entraînent, mais je m'aperçois vite que je ne peux pas monter les nombreuses côtes de la ville de Cannes. Et dire que j'aurais pu avoir tout de suite une chaise électrique ! Oui, une chaise électrique. Mais je l'aurai ! Ce sont les mots que je lance fièrement à l'ergothérapeute qui est bien plus pessimiste que moi sur l'obtention de la machine. Toujours est-il que quelques mois après l'envoi des documents administratifs à la MDPH, un spécialiste me présente différents engins, dont la chaise électrique de base, pliable, entièrement prise en charge par l'État.

Comme un condamné, j'accepterai ce nouveau statut de *mort sur roulettes,* sanglé sur sa chaise.

Très vite, ce confort me plaît. J'y vois en premier lieu les aspects positifs. Je peux bouger sans problème, faire ce que je veux et les gens me respectent. Au supermarché, quand j'étais en cannes, je devais sortir ma carte prioritaire pour qu'on me laisse passer, tout en mendiant la clémence des gens de la file d'attente. S'ensuivaient immanquablement des discussions pénibles : « Moi aussi j'ai du mal à rester debout », « Moi aussi j'ai des problèmes … », « Moi aussi », « Moi aussi ». Et la caissière, qui aurait dû me protéger, ne prenait jamais parti. Au contraire, elle exigeait lâchement que je demande l'autorisation aux clients. Ce mépris de mon droit me vexait à tel point que je concluais souvent par la phrase qui tue : « Prenez mon handicap et après on discute... »

Dès que j'ai été dans ma chaise électrique, la foule s'est ouverte devant moi avec respect alors que je n'avais plus aucune difficulté à faire la queue, étant confortablement assis ! Immédiatement on s'est incliné comme si j'étais monté en grade. Oui, tout roule en fauteuil ! J'ai juste à dire à la caissière qui a complètement changé d'attitude : « Aujourd'hui, j'ai oublié ma carte d'invalidité mais je n'ai pas oublié mon handicap ! »

12

À présent, j'ai l'impression que mon handicap n'a pas vraiment évolué, même si les médecins en parlent comme d'une maladie orpheline et la qualifient de paraparésie dégénérative.

Je me réveille tous les matins avec les jambes raides, les genoux collés l'un à l'autre, incapables de se plier et les pieds en pointe. Mes jambes sont comme enfermées dans un même tube. Pour en sortir je dois rouler sur le côté et tomber du lit. Je me force à remonter mon buste. Mes jambes se détendent et mes genoux peuvent enfin se fléchir. Je me traîne alors à quatre pattes jusqu'aux toilettes où je me hisse en m'appuyant avec les mains contre les murs et les parois.

Après quelques assouplissements, je peux me mettre debout, pas complètement mais juste assez pour m'asseoir sur ma chaise roulante.

Pendant la journée, j'ai toujours l'impression d'avoir des bottes remplies d'eau et de marcher dans de la vase ou des sables mouvants. Le soir, quand je vais me coucher, j'ai la sensation de poser mes jambes dans de la laine de verre ou des champs d'orties.

Et dire que je pensais que la médecine allait trouver la solution à mon mal ! Pas du tout ! Quinze années se sont écoulées et toujours rien. Ma maladie est restée orpheline et, d'après les médecins, dégénérative, alors que j'ai cru au grand miracle de la science pendant les dix premières années.

Douze ans après mes premières consultations, on m'a fait une proposition : prélever des tissus musculaires afin de confirmer des hypothèses d'insuffisance mitochondriale. Comme mes études de biologie me permettaient de mettre en doute cette théorie, ne souffrant d'aucune fatigue musculaire, j'ai refusé de faire le cobaye. L'avenir m'a donné raison, car d'après la généticienne qui s'est récemment intéressée à mon cas cette probabilité était extrêmement faible. L'acte était donc parfaitement inutile. Il aurait certes assuré des gains réguliers à l'hôpital mais au détriment du résultat et de ma santé.

Mon médecin généraliste pensait elle aussi que si j'avais accepté j'aurais obtenu, tout au plus, un abonnement pour la table d'opération. Elle m'a d'ailleurs cité l'exemple de personnes handicapées qui se faisaient opérer à tout bout de champ.

Pendant dix ans j'ai donc eu une confiance aveugle dans la médecine, acceptant de prendre de nouveaux médicaments qui déréglaient parfois mon humeur et me rendaient agressif. Le médecin refusait de m'appeler cobaye mais les faits étaient là. Un jour, le tout dernier myorelaxant, dont les effets influaient sur mon psychisme, avait presque mis ma fille en danger. Alors que je la surveillais dans le square pour enfants où nous avions nos habitudes, des jeunes étaient venus fumer leur cannabis près de nous. Je m'étais énervé à tel point que j'avais tenté d'asséner un coup à l'adolescent qui me répondait. Conscient de la métamorphose qui s'opérait en moi, j'avais immédiatement arrêté cette substance sans même en informer mon neurologue. J'ai appris, depuis, à prendre de la distance vis-à-vis de leurs expériences médicales.

Tandis que les spécialistes en neurologie se concentraient sur ma maladie qu'ils ne parvenaient pas à décrypter, mon médecin traitant insistait, elle, pour que je consulte un psychiatre. Je refusais, repensant à ma tentative de suicide quelques années plus tôt. Sans doute ne voulais-je pas sortir de cet état qui, somme toute, me convenait parfaitement. Cette maladie invalidante et inconnue me donnait l'opportunité de ne plus faire partie de la société. D'une certaine façon, il m'était plus facile de vivre entre parenthèses et en marge que contraint de me confronter aux autres, ce que je redoutais par-dessus tout.

Peut-être que si j'avais accepté de voir un psy, la maladie ne se serait pas installée dans mon corps. Il m'a toujours semblé, d'ailleurs, que le corps médical se focalisait beaucoup trop sur ses constatations initiales, sans même se demander si je n'avais pas développé, dans l'intervalle, une vraie maladie du système nerveux central. Pour quelle raison n'a-t-on pas pratiqué sur moi d'IRM médullaire et cérébrale deux à cinq ans après le premier diagnostic ? J'ai posé cette question à la responsable du SPATAX de Nice (réseau européen d'analyse clinique et génétique des ataxies cérébelleuses et des paraplégies spastiques) qui est chargée de suivre l'évolution de ma maladie. Agacée par ma remarque, elle m'a fait comprendre sans ménagement qu'on ne critiquait pas un équilibriste quand on ne savait pas monter sur un fil.

J'en ai conclu que ce groupe composé de neurologues, de chirurgiens, de généticiens, de kinésithérapeutes et d'autres spécialistes n'était pas prêt à remettre en cause ses premières constatations, alors que l'on sait que de nombreuses scléroses en plaques, pour ne citer que cette maladie, ne se voient pas toujours sur les clichés aux tout premiers stades des poussées. On m'a donc enfermé dans la case « maladie orpheline sans atteinte du système nerveux central » et on ne veut plus m'en sortir. À l'inverse des actes de chirurgie, les médecins seraient-ils rationnés en matière d'IRM ?

Trop fiers d'avoir trouvé un nom pour ce mal étrange et orphelin : « maladie neuromusculaire entraînant une paraparésie spastique », ils campent sur leurs positions. Alors que mon handicap est polymorphe, ils n'ont prévu aucun protocole de soins, en dehors de quelques myorelaxants de dernière génération. Je ne sais pas s'ils se rendent compte à quel point il est difficile de vivre avec une maladie inconnue. On essaie de creuser soi-même dans toutes les directions. Ne pas avoir de réponse est vraiment déstabilisant. Je pense avec ironie : vont-ils finir par attribuer mon nom à cette pathologie ? À défaut d'être devenu célèbre pour mes recherches sur le traitement des daurades, je le serai peut-être pour avoir donné un nom à cet agglomérat de symptômes qu'ils appelleront la maladie de Lerch.

Dernièrement, un livre m'a fait réfléchir. Il s'intitule *Les maladies chroniques – vers la troisième médecine*. Ses auteurs A. Grimaldi, Y. Caillé, F. Pierru et D. Tabuteau proposent de repenser la médecine pour de nombreuses maladies chroniques et d'inclure davantage le patient dans son processus de guérison, l'idée étant d'en faire un acteur et non pas quelqu'un qui subit. La médecine occidentale s'occupe trop des maladies et pas assez du malade.

Ils conseillent également aux médecins de ne pas annoncer de maladie grave aux patients, persuadés que la simple représentation pessimiste liée à son évolution l'atteindra de manière négative. En ce qui me concerne, l'attitude sèche et brutale du premier neurologue que j'ai rencontré à Cannes et sa décision de m'orienter vers ses collègues niçois m'a beaucoup perturbé. Le soir même ma santé se dégradait.

Les médecines alternatives devraient aussi jouer un grand rôle, telles la psychologie, la naturopathie, la méditation avec réduction du stress basée sur la pleine conscience et le yoga du rire… Toutes ces spécialités devraient être faciles d'accès pour le patient et devenir obligatoires dans chaque traitement, le patient n'étant pas une simple machine inerte.

Me rappelant de nombreux événements de ma vie, je formule l'hypothèse selon laquelle je souffrirais d'hypersensibilité avec une incapacité à gérer mes émotions, mais une hypersensibilité qui se traduirait ou qui aurait fini par se traduire par une atteinte du système nerveux périphérique, comme dans le cas d'une polynévrite entraînant des lésions des nerfs. Cela, à mon avis, n'a jamais été analysé.

Un travail psychologique de quelques mois aurait manifestement été bénéfique. Je regrette aujourd'hui de n'avoir pas pu arrêter, dès le début, le processus de destruction de mon corps et de ma tête !

13

Quelques années plus tard, alors que ma femme vient d'accoucher de notre troisième enfant qui, comme les deux autres, ne présente aucun problème de santé, je recontacte Handy Job à la recherche d'un emploi. Malgré le confort de ma chaise roulante l'oisiveté me pèse de plus en plus.

J'attends plusieurs mois pour avoir un rendez-vous. Devant les portes de cette institution située en périphérie du centre et pas facile d'accès, je me dis, débordant de motivation : « L'avenir va enfin me sourire. L'État s'occupe de moi. Il a le souci de ne pas me laisser sur le bord de la route ».

Je tends au responsable mon CV bac + 5 (mon dossier ayant été archivé depuis belle lurette) et lui explique ce que je sais faire, ce que j'ai fait et ce que je veux réaliser.

J'ai un projet de soutien scolaire. Il m'écoute et me demande de le développer, d'y apporter des devis et toute pièce nécessaire. Ravi d'avoir trouvé une oreille attentive, je m'active aussitôt.

Lors de mon second rendez-vous (plusieurs mois se sont écoulés car il n'y a qu'un seul représentant pour la région de Cannes pays de Lérins) mes espoirs tombent à l'eau : le représentant de Handy Job est convaincu que mon projet présente trop de risques financiers.

Je lui demande de quelle manière il pourrait m'aider à mettre en valeur mes connaissances en biochimie et biologie cellulaire. Le Pôle recherche et développement de Sophia-Antipolis, à deux pas de Cannes, me semble être une possibilité. Il ne relève pas, comme s'il n'avait aucune envie d'aller défendre ma candidature dans une de ces innombrables entreprises.

Je comprends alors que je n'ai plus d'avenir professionnel, n'ayant pas le courage de faire seul les démarches. Je regagne mon domicile démoralisé, d'autant qu'il m'a répété que si je travaillais, même quelques heures par mois, je perdrais tous mes avantages sociaux ainsi que mon AAH. Une autre façon de me pousser à rester invisible, gentiment assis dans ma chaise roulante et à ne pas encombrer le marché du travail.

En discutant sur les réseaux sociaux avec plusieurs personnes dans ma situation j'ai pris conscience que cet organisme (et pas seulement dans ma région) s'occupait davantage des travailleurs reconnus handicapés à faible taux, facilement interchangeables et sans diplômes, permettant ainsi aux entreprises de remplir leur quota de 6% de travailleurs handicapés.

Pour ce qui me concerne, même si les lois ne font pas obstacle directement à mes velléités de m'en sortir, elles ne m'incitent pas à le faire.

Le temps passe et je me pose des questions. Y-a-t-il des freins sur ma chaise ? Est-ce l'attitude de ce responsable, au demeurant fort sympathique, ou la mise en œuvre de consignes venant de plus haut ? A-t-on peur de voir un handicapé prendre la place d'une personne en bonne santé ? Pourquoi un seul employé à ce poste quand il en faudrait dix ? Pourquoi tant de mois d'attente pour obtenir un rendez-vous ? Que cache réellement cette appellation « Handy Job » génératrice d'espoir pour les personnes handicapées ? N'est-il pas étrange que tous les diplômés aient l'impression que cette structure les reçoive seulement pour la forme ?

J'ai parcouru de nombreux témoignages de personnes très handicapées qui en arrivent à la même conclusion et ne comprennent pas pourquoi on les dissuade d'occuper une vraie place dans le monde du travail. Je pense à Sophie, trente ans, aveugle de naissance et diplômée de second cycle en droit privé et relations internationales qui, depuis cinq ans, ne cesse d'envoyer sa candidature, en vain.

Avouons qu'une entreprise n'a aucun intérêt à s'encombrer de personnes handicapées quand une seule d'entre elles, se déplaçant en fauteuil et pour laquelle elle a fait aménager une rampe d'accès, suffit à assurer sa visibilité et à remplir son quota.

Sans doute suis-je cynique mais j'ai enfin ouvert les yeux sur l'hypocrisie du système. En France, la personne handicapée doit rester dans sa boîte et ne pas essayer d'en sortir. Combien de parlementaires en fauteuil ou aveugles avons-nous au sein de notre parlement qui est censé représenter la société française ?

Pour être très honnête, avec ou sans Handy Job, j'ai au fond de moi le sentiment d'avoir provoqué mon handicap, tout comme j'avais tenté de mettre fin à mes jours quelques années plus tôt. Je me suis effacé de la société, sans faire de mal à personne, comme attiré par une certaine image du confort. J'ai collectionné les prétextes pour ne pas bouger, pour ne pas travailler, pour ne pas avoir d'horaires, pour ne plus affronter les gens tout en gagnant quand même leur respect. La preuve : les passants qui me croisent en chaise sur le bord du trottoir chuchotent : « Le pauvre ! Quel courage il faut pour vivre ainsi. ».

Pourquoi ai-je choisi le fauteuil ? Je voulais aller plus vite, certes, mais aller plus vite pour aller où ? Dans un sens, ce fauteuil était une capitulation. Je rendais les armes. Je ne voulais plus combattre. Mais je n'en étais pas conscient.

Aujourd'hui, mon périmètre de marche se limite à quelques pas en me tenant aux meubles avec toute la force de mes bras. Je ne pense pas vraiment pouvoir revenir en arrière et me dire : « Dans quel état serais-tu si tu ne t'étais jamais assis sur ce fauteuil ? » Vous souvenez-vous de l'arrivée de l'astronaute Thomas Pesquet qui a passé six mois en apesanteur ? Quand il a atterri, on est venu le chercher en fauteuil roulant et il lui a fallu plusieurs semaines de rééducation pour retrouver de la force dans les jambes.

J'ai aussi l'exemple d'une femme de quarante ans qui s'est mise en fauteuil pour pouvoir obtenir un logement social. Sa demande avait été refusée alors qu'elle n'utilisait qu'une seule béquille. Lorsqu'elle a précisé dans un deuxième courrier qu'elle était en fauteuil roulant, les portes se sont ouvertes devant elle et on lui a immédiatement trouvé un appartement. Elle regrette elle-aussi. « Je savais qu'à partir du moment où je me déplacerais en chaise roulante, je perdrais 50% de mes capacités physiques mais je l'ai quand même fait pour avoir ce logement. »

N'est-ce pas une conséquence des effets pervers de l'assistanat quand un handicapé qui essaie de faire des efforts pour rester valide, se doit d'aggraver son état pour obtenir des avantages ?

Depuis que j'ai pris conscience de tout cela, je ne désespère pas de remarcher un jour et de rattraper ma vie là où je l'ai laissée quinze ans plus tôt.

14

J'ai incriminé tout le monde : les médecins, le CCAS, Handy Job, notre système social trop généreux, jusqu'à mépriser les personnes qui se penchaient gentiment vers moi pour m'aider à descendre d'un trottoir. Pourtant, je pense de plus en plus que le problème vient de moi.

Pour réussir (parce que même après avoir gâché quinze années de ma vie j'espère encore « réussir »), je dois apprendre de mes échecs. Ceux-ci constituent le terreau qui aide à mieux faire pousser les plantes.

Si j'observe mon comportement, je suis toujours dans la position de celui qui reçoit, de celui vers qui on se penche pour demander : « Voulez-vous que je vous aide ? »

Pendant des années j'étais indigné qu'on m'offre de l'aide comme si j'avais été un mendiant alors que je ne demandais rien à personne. Je me sentais humilié par ces attitudes qui étaient pourtant attentionnées. J'avais l'impression qu'on me méprisait, que les personnes qui s'inclinaient vers moi se sentaient forcément supérieures, voulant sans doute, par cette bonne action, conjurer leur propre sort.

En fait, je n'avais pas bien compris leurs gestes. Jamais je ne m'étais interrogé sur leurs motivations. Je pensais, de façon très égoïste, qu'elles étaient toutes en parfaite santé n'étant pas en fauteuil, qu'elles ne souffraient d'aucun problème puisqu'elles m'aidaient. Je les jalousais. Jamais je n'ai pensé autrement. Jamais je me suis dit : « Cette personne a peut-être été dans la même situation que moi il y a quelques années », ou « celle-ci sort de sa séance de chimiothérapie ou s'y rend », ou encore « celui-ci est atteint d'un mal incurable mais ne montre rien », ou plus simplement « cette dame est naturellement gentille et attentive aux autres ».

Tout le monde a des problèmes, qui sont peut-être plus graves que les miens, des handicaps ou des difficultés pas toujours visibles.

En fait, si j'éprouvais cette répulsion à être aidé, c'est parce que le regard de ces personnes me renvoyait l'image de l'homme que j'étais devenu en quinze ans : assisté, exigeant envers les autres, nombriliste, égoïste, paresseux, tournant sans cesse autour de ses petits bobos, méprisant, jaloux et cherchant des prétextes à l'immobilisme et au retrait social.

Pendant toutes ces années, je me suis vautré dans le rôle du spectateur, glissant petit à petit vers l'inertie alors que j'aurais pu être acteur de ma vie.

J'ai subi le spectacle de ma déchéance physique et intellectuelle dans la passivité la plus totale. Telle la Belle-au-bois-dormant, vais-je me réveiller et reprendre ma vie là où je l'ai laissée ?

La jalousie que je ressentais envers les autres n'était pas une solution. Elle ne m'apportait que de l'irritation et m'empêchait de me fixer des objectifs.

L'image qui représenterait le mieux ce que j'essaie de dire est celle du boxeur recroquevillé sur lui-même qui se fait taper dessus, tandis que son adversaire bombe le thorax, certain de sa victoire. Comme ce boxeur, je me suis recroquevillé dans mon fauteuil. Sans vouloir devenir un Stephen Hawking, car je n'ai pas ses extraordinaires capacités intellectuelles, je peux quand même essayer de raviver mes neurones et de ranimer mes muscles.

Je pense que l'on peut créer sa maladie. En ce qui me concerne, j'ai toutes les raisons de penser que j'ai créé la mienne mais la question que je me pose est de savoir si en décidant de me mettre en chaise roulante j'ai choisi un fauteuil… ou un cercueil ?

Je me répète souvent que la vie sourit à ceux qui savent sourire. Je me force donc à sourire le plus possible. Chaque matin je me regarde dans le miroir et repère certaines attitudes que je juge maintenant ridicules, comme la simulation d'une fatigue excessive si on me demande quelque chose, l'impression d'être surbooké alors que je ne fais rien de la journée, mon petit air triste quand je dis à la caissière du supermarché : « Aujourd'hui j'ai oublié ma carte d'invalidité mais je n'ai pas oublié mon handicap », ou quand j'ai une altercation avec quelqu'un et que je lâche cette phrase magique qui met un terme aux hostilités : « Prenez mon handicap, après on discute ».

Mon souci quotidien est désormais de développer mon intelligence émotionnelle. Je dois apprendre à communiquer, à écouter les autres, à analyser leurs paroles et leurs gestes.

Pendant des années je suis resté centré sur moi-même, dans ma bulle, même quand je ne souffrais d'aucun handicap. Je ne voulais rien donner. Je n'étais pas à l'écoute et les autres ne m'intéressaient pas.

15

Alors que je discute librement avec ma mère de ma séparation d'avec Marwa qui est retournée vivre dans son pays avec nos enfants, elle me remémore des souvenirs que j'ai complètement oubliés.

Je ne rentre pas seul du Maroc à 27 ans. J'impose à mes parents ma belle Marocaine mais ils ne sont pas non plus pris de court car ils ont accepté de remplir le formulaire pour l'obtention de son visa.

Dès le lendemain de notre arrivée à Paris, nous regagnons la Normandie et notre maison familiale. Le ciel déjà sombre s'assombrit davantage. Ma mère me veut pour elle toute seule, certes, comme toutes les mères, mais chez elle ce désir de contrôle et cette possessivité sont quasi maladifs.

Elle passe son temps à critiquer ma compagne, de plus en plus persuadée qu'elle ne m'a choisi que pour s'installer en France. Elle me le dit et le lui dit ouvertement.

Mon père, quant à lui, s'efforce de créer des

liens avec Marwa, allant jusqu'à vouloir apprendre l'arabe. Mon frère, âgé de vingt ans et plongé dans ses études d'ingénieur agronome, reste en retrait mais observe.

Ma mère est si odieuse avec ma compagne que cette dernière finit par exploser. Elle menace même d'aller voir la police pour dénoncer une situation de mauvais traitements et d'humiliations quotidiennes faisant obstacle à son amour.

Mes parents l'installent alors dans un hôtel, à proximité. Mon père pour retrouver sa tranquillité, ma mère pour qu'elle débarrasse le plancher au plus vite, sa simple vue lui étant devenue insupportable.

Et moi, dans toute cette histoire, quelle est mon attitude ? Je ne vais même pas voir comment elle se sent dans cet isolement soudain. J'agis comme le petit garçon que j'ai toujours été, acceptant la tête basse, ce que mes parents ont décidé. J'avale mon repas du soir en même temps que leurs conseils qui ressemblent à des ordres. Ils me suggèrent de rester loin d'elle pendant trois mois afin de m'assurer que la relation est sérieuse. Mais ils savent que dans trois mois son visa aura expiré et qu'elle sera forcée de rentrer au Maroc.

Lâche jusqu'au bout, je ne lui rends visite

que le surlendemain. Elle insiste pour que nous nous promenions. Au bord d'une fontaine, elle me réitère son amour en pleurant puis me pose un ultimatum : je dois choisir entre elle et mes parents.

Mais elle, bien sûr ! Elle ! Oui, elle ! Je suis prêt à la suivre jusqu'au bout du monde. Nous organisons alors notre fuite.

Elle repasse le lendemain préparer nos affaires discrètement, prétendant ne s'occuper que des siennes. Mon frère qui est à la maison la voit sortir plusieurs valises.

Le lendemain, toujours logée à l'hôtel, elle vient me voir. J'ai préparé les vélos et annonce que nous partons en balade. Soudain, ma mère qui se doute de quelque chose – mon frère l'a peut-être informée – se précipite sur moi, me serrant comme un bébé pour me garder près d'elle. Elle est d'une possessivité telle qu'on dirait un enfant qui veut garder son nouveau jouet. Je vis ce débordement d'affection comme un étouffement et l'éjecte violemment.

Ma compagne et moi filons sur nos vélos jusqu'à l'hôtel où nous les abandonnons pour prendre nos valises. Nous rejoignons à pied la gare qui est à deux kilomètres.

Je n'ai aucun regret, mais reste silencieux. Ce

n'est pas la grande joie. Je me dis que la météo y est certainement pour quelque chose, sans vouloir admettre que je n'ai pas eu le courage d'imposer ma compagne à ma famille et que la culpabilité commence à me ronger.

Nous atteignons Cannes. À notre arrivée, le temps est toujours aussi maussade, tout comme mon humeur. Je retourne dans ma tête les événements des jours précédents. Je ne comprends pas que mes parents aient réagi ainsi. Je leur présente la femme qui va enfin éclairer ma vie et ils s'empressent d'éteindre mes espoirs. Pourquoi ? Ma déprime reprend, pourtant Marwa s'occupe de tout. Elle nous a trouvé un hôtel social sur les hauteurs de la ville. Je ne suis plus le chef d'orchestre de notre couple. C'est elle maintenant qui mène la barque et moi qui la suis. J'accepte tout et je paye : les trains, les séjours, la nourriture. Je commence alors à compter ce qu'il me reste. Je ne réfléchis même pas. Il va de soi qu'il me revient la responsabilité de gagner l'argent du foyer et que je dois trouver un travail au plus vite. Je deviens alors l'ombre de ma compagne et, selon ma mère, une simple marionnette qu'elle manipule.

J'arrive quand même à décrocher un emploi avec la société Cannes Aquaculture mais je ne parviens plus à gérer mes priorités. Je n'ai plus d'objectif alors que je pensais avoir découvert une passion dans l'élevage des poissons et que je voulais changer les habitudes alimentaires de la Planète ! Il m'arrivait aussi d'envisager des carrières humanitaires dans l'écologie ou la biodiversité, où j'aurais pu utiliser mes compétences et bien gagner ma vie. Au lieu d'avoir la tête dans les étoiles, j'ai la tête dans le guidon. Je suis assis sur le vélo et la côte est de plus en plus raide.

Cela fait six mois que je suis parti comme un voleur et que je n'ai pas contacté mes parents. Je renoue quand même les liens car je suis à bout financièrement. Une fois encore ils m'aident, même si la personnalité de ma compagne excède leur contrôle et qu'ils ont vécu ma fuite comme une trahison.

Pendant ce temps, Marwa est très active. Elle me propose le mariage et j'accepte. Des accompagnants sociaux bien sympathiques nous aident à l'organiser. Tout semble aller de mieux en mieux. Je commence à sortir la tête de l'eau. Or, j'ai appris en aquaculture qu'un poisson qui sort la tête de l'eau finit souvent dans l'assiette. J'ai effectivement la sensation que je vais me faire manger...

Après le mariage, nous emménageons dans

un logement social assez grand mais très sale. Je saisis alors l'expression avoir le cafard. L'appartement en est rempli. Rapidement nous cherchons autre chose et repérons un magnifique petit studio, proche de la mairie de Cannes. Mais alors que l'horizon s'éclaircit, je recommence à éprouver des problèmes physiques. Ces défaillances me perturbent, allant même jusqu'à me faire perdre ma concentration au travail.

Quand je demande à ma mère : « Pourquoi ne m'avez-vous pas aidé à reprendre des études de doctorat quand j'ai commencé à avoir des problèmes de motricité ? J'aurais sans doute pu faire une carrière dans la recherche. Il était facile pour vous de m'introduire. Vous aviez plein de relations dans ce milieu. »

Ma mère me répond : « Ta tête ne fonctionnait pas bien ! On n'allait pas perdre de temps à chercher un laboratoire de recherches alors que tu n'étais pas réceptif. Tu étais marié et n'avais plus aucune soif de savoir. »

Dois-je comprendre que parce que je leur avais échappé ils s'étaient désintéressés de mon avenir professionnel ? Ma tête était-elle vraiment en cause ou était-ce simplement le fait d'avoir coupé le cordon ?

Je dis souvent « mes parents ». Ils forment pour moi un tout alors que le plus souvent ma mère prend les décisions et mon père acquiesce, sans doute pour avoir la paix et retourner dans son monde de silence. Est-il toujours d'accord ? Je n'en suis pas persuadé.

Il me vient souvent une image. Je suis une maison que mes parents ont décidé de construire. Ils en sont les architectes. Ils ont imaginé tous les plans. Pour être sûrs que la maison sera réalisée selon leurs désirs ils ont fourni le matériel. Mais ma compagne apparaît tel le maçon qui n'en fait qu'à sa tête et ne suit aucune instruction. Plus grave : la maison est fragile et un rien peut l'ébranler, du moins mes parents en sont persuadés, ne voulant pas laisser leur « œuvre » entre des mains étrangères. La question que je me pose aujourd'hui est la suivante : et si mes parents avaient tout fait pour que la maison de leurs rêves ne soit jamais terminée, redonnant un coup de truelle par-ci, un coup de pioche par-là, affaiblissant sans cesse la structure pour qu'elle reste « en cours de construction » ? Oui, je suis cette construction inachevée.

16

Beaucoup de souvenirs me reviennent suite à la discussion que j'ai avec ma mère. Pour une raison inconnue je les ai occultés, sans doute pour préserver mon bien-être. Mais le fait d'écrire les pousse à remonter à la surface, et avec eux beaucoup d'émotions. Je croyais que mes tendances négatives avaient complètement disparu mais elles n'attendaient que le bon moment pour m'assaillir.

Je me rappelle ce jour de février 2000. Je sors en mer avec un collègue pour réparer les poches d'une cage d'élevage de loups à côté de l'île Saint-Honorat. L'eau est encore bien froide mais ma combinaison de plongée m'aide à tenir. Cependant, je n'évalue pas bien le mouvement des filets quand je les recouds à dix mètres de profondeur. Aussi, je m'accroche dans les mailles. J'essaie de me libérer mais je n'ai pas contrôlé l'oxygène dans mes bouteilles avant de plonger et il m'en reste peu. Je n'ai pas la force à une telle profondeur de retirer mon attirail pour remonter en apnée. Je commence à fatiguer. Je stresse de plus en plus. L'eau est froide. Le collègue qui attend sur le bateau ne s'est rendu compte de rien, occupé à prendre le soleil en écoutant de la musique. Je me débats dans tous les sens jusqu'à ce que je ne puisse plus rien faire. Le manomètre indique qu'il ne me reste plus que quelques secondes... à vivre. Je commence à accepter l'idée de mourir lorsqu'un miracle se produit : alors que je tente de me libérer depuis une heure, le courant vient soudain m'éloigner des mailles du filet et me rendre à la vie.

D'autres souvenirs plus anciens rejaillissent. Mes parents ne se sont rendu compte de rien lorsque j'étais enfant ou ne voulaient pas voir d'anomalie. Pourtant les signes d'un dysfonctionnement psychique semblaient évidents. S'ils m'avaient emmené consulter un pédopsychiatre au lieu de me gaver de livres et de voyages, ma maladie ne se serait peut-être jamais développée. Quand je leur en parle ils mettent tous les torts sur Marwa. Si elle ne m'avait pas « enlevé à eux », j'aurais gagné en équilibre, suivant leurs plans et leurs sages conseils. Mais ils semblent oublier que cette maladie poussait en moi depuis des années, tel un champignon vénéneux. Tout petit je me sentais mal. L'une de mes maîtresses avait peut-être détecté un problème de comportement. Peut-être en avait-elle parlé à ma mère qui, dans son orgueil de professeur de collège, avait jugé qu'elle n'avait rien à apprendre d'une institutrice. Ce ne sont, bien sûr, que des suppositions mais les professeurs des écoles, qui passent huit heures par jour avec les enfants, sont les mieux placés pour tirer la sonnette d'alarme.

Lors de nos conversations téléphoniques, ma mère m'aide à remettre en forme mes souvenirs mais quand je veux évoquer les causes psychologiques elle se referme immédiatement, refusant d'endosser une quelconque responsabilité dans ma maladie orpheline.

Ne se souvient-elle pas de mon traumatisme lorsque mon frère est né ? Son arrivée semble pourtant avoir été l'un des éléments déclencheurs de mon état mélancolique, pour ne citer qu'une facette de mon mal-être.

Plusieurs symptômes dont j'ai fait part dans les pages précédentes confirment mon hypothèse. Depuis toujours je me suis senti manipulé et inférieur aux autres. Je suis rentré dans ma bulle pour m'isoler. Plus les années passaient, plus je devenais asocial. Je ne me sentais pas aimé, ni par ma famille, ni par mes amis. J'avais le sentiment d'être différent comme si je venais d'ailleurs. Le manque de confiance en moi, la timidité, me faisaient énormément souffrir. Certes, quel enfant ne se retrouve pas dans cette description ? Étais-je vraiment différent ? Hypersensible, oui, c'est évident, mais l'hypersensibilité n'est pas une pathologie et les hypersensibles sont légion, que ce soit parmi les enfants ou chez les adultes. Jusqu'à présent il n'est pas connu que les hypersensibles développent des pathologies qui les clouent sur une chaise roulante. Alors, qu'est-ce donc ? Et cette douleur exagérée à l'hôpital alors que ces tests sont indolores pour les autres ?

La moindre émotion me bouleversait et ce sont peut-être ces émotions qui m'ont entraîné dans la maladie. La médecine en arrivera-t-elle à diagnostiquer l'hypersensibilité comme elle diagnostique l'autisme ? En attendant, qu'est-ce qui m'empêche de consulter un psychiatre ? Parmi les nombreuses maladies qui existent déjà on finira peut-être par me ranger dans « ma » case.

Dans mon cas, aucun diagnostic psychologique n'a jamais été établi, ni à l'âge adulte, ni dans mon enfance. Aucun spécialiste n'a vu que j'étais mal dans la tête. Résultat, quelques années après je suis mal dans mon corps. Il y a très certainement une relation.

17

Même si je suis séparé de Marwa, je dois avouer qu'elle m'a apporté beaucoup.

Quand elle m'a dit en juillet 2017 : « Je veux vivre », je n'ai pas compris le message. Nous étions ensemble depuis bien longtemps, mariés depuis quatorze ans, nous avions trois beaux enfants en parfaite santé. Quel était le problème ?

Ma mère me disait qu'elle m'avait choisi pour pouvoir rester en France mais Marwa me montrait tant d'amour que je la croyais sincère. Nous vivions des allocations familiales, de l'allocation logement, de mon allocation adulte handicapé, de ma prestation de compensation du handicap et des aides financières que mes parents nous fournissaient quand on en avait besoin. Nous passions aussi tous nos étés dans sa famille au Maroc. Bref, tout allait bien. Nous ne cherchions de travail ni l'un, ni l'autre. Les enfants étaient scolarisés à distance car je préférais m'occuper de leur éducation, une activité qui me maintenait en forme malgré mon état, mais aussi et surtout parce que je voulais leur éviter ce que j'avais enduré à l'école. J'en avais parlé à mon épouse qui, comme moi, était favorable à l'idée d'une scolarisation à domicile. En revanche, nous les avions inscrits à des activités sportives extrascolaires où ils pouvaient rencontrer d'autres enfants, comme la natation, le karaté et le foot.

Quand Marwa m'a dit : « Je veux vivre », je n'ai pas réagi tout de suite. J'ai maintenant compris deux choses. Premièrement, cela voulait dire que je ne vivais pas. Deuxièmement, elle voulait profiter de la vie et ne plus avoir à s'occuper d'une personne handicapée, estimant qu'elle m'avait sacrifié ses meilleures années.

Suite à cette annonce, je me suis senti complètement démotivé dans mon rôle de maître d'école. J'ai négligé l'enseignement, les horaires, l'envoi des devoirs des enfants pendant plusieurs mois. Le résultat de cette négligence a été la suppression des allocations familiales pour les trois enfants, soit neuf cents euros de perte de revenus. C'est à ce moment-là que nous avons décidé d'un commun accord que Marwa rentrerait au Maroc avec les enfants, craignant de ne pouvoir assurer leur éducation sans cet apport.

Immédiatement après notre séparation ma santé s'est détériorée. J'ai perdu progressivement l'habitude de m'entraîner à marcher avec mes cannes dans l'appartement. Déprimé, je ne me levais plus de mon fauteuil, tout en remplissant des baignoires de larmes. Mes enfants me manquaient terriblement. Loin d'eux, ma vie était devenue vide, et même si nous nous parlions par le biais de l'application WhatsApp, leur jeune âge les empêchait de me dire ce qu'ils vivaient vraiment loin de moi. Je ne savais même pas si l'argent que j'envoyais à ma femme leur profitait... Avec la distance tout devenait flou ! Plus les jours passaient plus ma confiance en Marwa s'estompait.

C'est alors que mes parents reviennent sur le devant de la scène, inquiets à l'idée que je puisse donner à mon épouse tout l'héritage qui me reviendra plus tard. Ils savent que je suis prêt à continuer à vivre chichement en me privant de tout.

Mes premières méditations m'ont appris à trouver du positif même dans les moments les plus sombres. Plusieurs fois Marwa m'a dit des vérités criantes comme : « Tu te caches toujours derrière ton handicap dès que tu as des problèmes à affronter. ». Il est vrai que j'avais souvent le comportement de l'enfant qui fait semblant d'être malade ou fatigué quand on lui demande de faire des d'efforts.

Un an passe. Je suis heureux de les retrouver tous les quatre à Cannes pour les vacances, espérant toujours que nous allons revivre ensemble. Mais les relations avec Marwa sont tendues. Elle décrète que je suis trop faible pour me confier les enfants, ne serait-ce que pour aller au square, à quelques pas de là.

Son attitude me met en rage, moi qui suis d'une nature paisible. Je deviens même violent jusqu'à essayer de la frapper avec l'une de mes cannes. Elle m'attaque verbalement et enlace mon fils pour se protéger et me calmer. Ce dernier dira plus tard à sa mère : « Si tu rentres en France, papa va te tuer. »

Cet incident se passe au début du séjour. Elle repart au Maroc avec les enfants à la fin du mois de septembre sans que nous ayons pu dépasser ce climat de tension. Je me retrouve seul comme la première année.

Le mois d'octobre est propice à la déprime. Je regarde les murs de mon appartement lorsqu'un détail retient mon attention. Un insecte est pris dans une toile d'araignée. Sans doute affolé, il se débat de toutes ses forces devant l'arachnide qui s'approche. Elle lui injecte son venin qui le liquéfie instantanément. Elle attend, patiemment. Le lendemain, je remarque que l'abdomen de l'araignée est gonflé et que l'insecte a disparu.

Je réfléchis… Et si j'étais cet insecte ? Si l'araignée était ma femme ? Je suis prisonnier des fils qu'elle a tissés autour de moi. Si je ne fais rien, je vais me laisser dévorer. J'en prends conscience et je réagis. Je me lance un défi : est-ce que je veux rester sous son emprise et aller de plus en plus mal, tant physiquement que psychiquement, ou reprendre ma vie en main et cesser d'acquiescer à ses incessantes demandes d'argent pour ne rien recevoir en retour ?

Je décide alors d'apprendre à m'aimer, à me respecter, et à vivre le présent au lieu de ruminer le passé comme je le fais depuis son départ.

Je dois aussi arrêter d'utiliser mon statut d'handicapé à chaque occasion. Certaines situations me reviennent à l'esprit dont je ne suis pas fier. Je revois ce jour où j'étais allé acheter ma carte annuelle de transport en commun. J'étais en cannes à l'époque, une de chaque côté. Les personnes devant moi ne voulaient pas me laisser passer. Elles voyaient bien, pourtant, que j'avais du mal à tenir debout. Blessé par leur indifférence j'avais exagéré mon état jusqu'à tomber par terre bruyamment. Paniquée, la responsable du guichet avait enfin jugé utile de demander aux clients de me laisser passer en premier.

Je croyais mentir aux personnes de la file d'attente en exécutant cette mise en scène, mais en réalité je ne me mentais qu'à moi-même. Je l'ai compris plus tard en méditant. Je suis capable de me mettre debout. Il faut donc que je me batte.

En d'autres mots, je crois me protéger derrière ce statut d'invalide alors qu'en fait je m'éloigne de toutes les choses que j'aimerais faire.

Cela fait quinze ans que je me suis installé dans une zone de confort. Je dois aujourd'hui la quitter pour retrouver le goût du risque que j'avais quand je sautais en parachute, plongeais à plus de trente mètres ou conduisais une voiture de rallye sur un circuit en Normandie.

Mes prises de risque n'étaient pas mesurées à ce moment-là. Aujourd'hui elles doivent l'être.

18

Le papillon sort de la toile d'araignée et devient un oiseau...

Beaucoup ont du mal à passer le cap de la cinquantaine, pour moi c'est le contraire. Je suis enfin devenu conscient de mon handicap et j'ai l'intention de me reconstruire. Fini le malheur ! Je suis capable de rebondir, de prendre un nouveau départ dans la vie et de renaître.

J'ai cinquante ans mais tout est encore possible et je connaîtrai le bonheur !

Après avoir souffert en subissant passivement mon état, je l'ai enfin accepté. Je souhaite désormais agir, faire part de mes connaissances en biologie et apporter quelque chose à la société.

Avant j'étais un papillon. Mon vol était anarchique et désordonné. Maintenant, je veux être un oiseau au vol rectiligne, insensible aux coups de vents.

J'ai décidé de ne plus rester enfermé dans

mes problèmes et de me tourner vers les autres... Si cette démarche peut apporter un peu d'espoir à certains, j'en serai heureux. Avant tout je veux essayer d'analyser ma maladie à la manière du chercheur que j'étais quand je constatais une altération dans l'état de santé de mes poissons. Je pense notamment aux personnes qui souffrent de maladies multifactorielles telles la dépression, les maladies cardio-vasculaires, l'obésité ou le diabète.

En suivant humblement l'exemple de chercheurs exceptionnels, j'ai appris qu'il fallait travailler à trois échelles différentes : la génétique, l'épigénétique et la plasticité. Mais je ne vous abreuverai pas de ce jargon scientifique même si j'en meurs d'envie.

Dans le cas de maladies multifactorielles, comme la sclérose en plaques ou le mal dont je souffre, la génétique ne serait sans doute pas la seule à parler, ou peut-être même pas du tout. Qui sait !

J'assimile mon corps à un orchestre constitué d'un chef et de ses musiciens. Quand l'un d'eux est malade, l'orchestre ne joue pas bien mais quand le chef est absent, l'orchestre ne joue plus.

Cette métaphore pour faire comprendre que

dans mon cas le chef est le cerveau et les instrumentistes sont les autres organes.

Lorsque le corps fonctionne bien, on peut dire que le concert commence, sans aucune cacophonie car les organes travaillent en harmonie les uns avec les autres, étant tous interconnectés. Le cerveau donne des ordres et reçoit la réponse des organes.

Ces décisions et rétroactions peuvent être très rapides ou plus lentes. Dans ce dernier cas les informations échangées durent plus longtemps.

Je ne parlerai du rôle du nerf vague, du microbiote ou de la circulation sanguine, que pour dire qu'une bonne alimentation les conditionne. Me concernant, cette dernière ainsi qu'une plus grande confiance en moi ont complètement changé le fonctionnement de mes organes et de mes sens. J'essaie aussi de suivre les conseils de Voltaire : « J'ai décidé d'être heureux, c'est bon pour la santé ». Souffrant souvent de dépression, j'ai remarqué que lorsque j'étais de bonne humeur je marchais mieux. Le résultat de ces observations est que je n'ai presque plus de crises de spasticité nocturnes même si ma démarche demeure spastique.

Je ne vais pas non plus épiloguer sur la transmission synaptique, mais il est clair que lorsque certaines voies nerveuses ne sont pas stimulées, tout se passe comme si l'autoroute était coupée. Ce qu'il faut savoir cependant – et qui n'est pas assez dit aux malades – c'est qu'il existe toujours des routes secondaires. Même si on ne les a jamais pratiquées on peut essayer de les découvrir. Dans ma maladie, les voies de transmission de l'information, les axones, ne sont que réduites, atrophiées, et donc invisibles. En témoigne la renaissance de mes mouvements lorsque je suis chez ma kinésithérapeute. Quand elle me demande de poser un pied sur une marche et m'aide à le faire car je n'y arrive pas tout seul, je suis découragé car c'est elle qui a fait l'effort à ma place. Mais si je réitère ce même exercice plusieurs fois dans la semaine, j'explore en fait les routes secondaires et je finis par y arriver tout seul. La répétition et l'imagination sont les armes les plus efficaces de la rééducation physique et spirituelle.

J'utilise quotidiennement une technique de bien être, la méditation de pleine conscience ou MPC, qui est de plus en plus employée dans le milieu médical. Chaque matin vers six heures, après avoir éteint le téléphone et tous les appareils qui risquent de perturber ma séance, je m'installe confortablement dans mon fauteuil roulant et je respire. Profondément, lentement. Je ferme les paupières. Je me concentre uniquement sur mon corps. J'imagine que toutes mes cellules sont pleines de joie, qu'elles chantent « merci ». Je respire. Quand j'inspire je dis « merci », et quand j'expire, je rejette tout ce qui est négatif. J'imagine que mon corps est rempli d'hélium. Je suis entouré de fleurs, loin de la civilisation, en pleine montagne. Je m'envole comme une montgolfière. Le gaz devient de plus en plus chaud. Je ressens cette chaleur. Quand j'atteins le plafond de ma chambre, je me balade comme un astronaute, en apesanteur. C'est une image bien sûr car je ne lévite pas. Pas encore. Je ne suis pas un moine bouddhiste.

À chaque inspiration, les poumons se gonflent au maximum et je sens l'air chatouiller tout mon corps. La respiration lente est une étape très importante dans la méditation.

Le gaz refroidit, je ressens comme des vagues de froid qui partent des pieds pour finir vers la tête. Quand le gaz est devenu trop froid, je redescends progressivement vers mon fauteuil.

Pendant la journée, je fais de petites séances dans un endroit calme.

Le soir, je m'allonge sur mon lit. À ma

gauche, une veilleuse éclaire un peu la chambre. Je respire toujours très lentement. Je réitère la séance matinale en insistant à chaque expiration sur les images que crée mon imagination, comme des sacs poubelle débordants de détritus nauséabonds qui sont tous les événements désagréables que j'ai vécus dans la journée.

Je m'appuie sur des personnes exemplaires ou sur des lectures. Je sais que le chemin ne fait que commencer… J'en suis encore au stade embryonnaire.

Certaines maladies, bien que parfois dévastatrices, peuvent être réversibles. Je suis optimiste quant à l'évolution de la mienne.

19

C'est bien de dire « je veux donner », mais il faut des actions concrètes. Actuellement, j'enseigne le français à des étrangers qui souhaitent s'intégrer. Je fais partie d'une association. C'est une activité bénévole. J'ai commencé il n'y a pas si longtemps mais je peux déjà transmettre mes impressions. J'ai pris conscience que je pouvais donner de la valeur à une personne qui doute d'elle-même et de ses capacités. Je peux aussi lui apporter de la joie et de l'espoir.

Les leçons que je tire de mon passé, de mes études en biologie et des nouvelles formations que j'ai suivies en naturopathie, autohypnose, méditation et yoga du rire m'amènent à penser qu'il m'est possible d'aider ceux qui traversent une expérience proche de la mienne.

Depuis mon enfance, je n'ai connu que le monde de « l'avoir » et la crainte constante de sa perte. Les premiers verbes qu'apprend l'enfant sont les verbes être et avoir. Durant l'école primaire, il les conjugue et les utilise puis, progressivement, il oublie le verbe être au profit du verbe avoir.

Aujourd'hui j'ai simplement décidé d'être. Je vis dans le présent, un présent simple et parfait qui me convient. Ce temps réel est un cadeau dont il faut prendre soin jusqu'à oublier les émotions négatives du passé. À tout petits pas je commence à comprendre qu'imaginer ma future réalité n'est plus une priorité.

En acceptant et en affrontant mon handicap j'ai découvert un chemin de vie. Je m'essaie à la naturopathie en prenant mon propre corps comme terrain d'essai. Mes dernières formations, telles le coaching, la MPC, l'autohypnose et le yoga du rire, m'ont rendu plus fort physiquement et mentalement.

Après vous avoir parlé de la MPC dans le chapitre précédent, j'aimerais à présent essayer de partager mon savoir-faire en matière d'autohypnose et de yoga du rire.

L'autohypnose est aussi un moyen que j'utilise pour progresser. C'est un autre type de médiation, différent de la MPC. Alors que cette dernière sert à nettoyer le cerveau, l'autohypnose vise un objectif précis. Le mien étant de remarcher un jour, et comme la médecine ne m'a rien apporté, je m'y suis intéressé. Après tout, qu'avais-je à perdre ? Cette pratique n'est ni de la manipulation ni de la magie, mais explore un nouvel état de conscience. Une séance peut durer entre dix et vingt minutes et se décompose en quatre phases.

1. L'approche vers l'état d'autohypnose se fait toujours par des respirations. Avant d'entrer en état d'hypnose, toute une préparation est nécessaire. Comme pour la MPC, la respiration lente et profonde permet d'atteindre un certain état. Quelques minutes suffisent. Précisément, la première étape d'entrée nécessite trente inspirations par le nez et expirations par la bouche de trois secondes chacune.

2. L'entrée en état d'autohypnose passe par un compte à rebours. Je compte lentement en partant de cinq jusqu'à un. Très lentement. Je me répète que je n'entrerai pas en état profond d'autohypnose avant d'arriver à un. Je continue à compter, très lentement. Cinq : mes paupières deviennent de plus en plus lourdes, tous les muscles autour de mes yeux se relâchent. Quatre : mes paupières pèsent comme si j'avais envie de dormir. Trois : je n'ai plus envie d'ouvrir les yeux et cette sensation est agréable et reposante. Deux : mes paupières sont

lourdes, très lourdes, tellement lourdes ! Un : je ne peux plus du tout ouvrir les yeux. C'est comme si quelqu'un avait collé mes paupières. La détente se propage alors dans tout mon corps, dans ma tête et jusqu'au bout des pieds.

3. Dans cet état d'autohypnose je fais entrer un souvenir, quel qu'il soit, comme une compétition, pour bien me remémorer les sensations. Je me souviens de l'arrivée d'un marathon à Paris où j'étais complètement épuisé jusqu'à ce qu'apparaisse la pancarte « arrivée dans 2 km ». J'avais ressenti un regain d'énergie incroyable, alors que mes yeux suivaient l'instant d'avant une piste linéaire, que mon nez et mes poumons étaient trop chauds, que mes oreilles n'entendaient que la cadence de mes pas sur le bitume, que mes jambes, mon dos, mes lombaires et mes omoplates me faisaient mal. À la vue de la pancarte indiquant qu'il ne restait plus que deux kilomètres à parcourir, ma seule ambition avait été de finir le marathon le plus vite possible et d'arriver dans le premier tiers, défi que je m'étais lancé. Mes yeux ne voyaient que le signe d'arrivée, mes oreilles entendaient déjà les applaudissements. Je ne sentais plus la chaleur dans mon corps, pas plus que celle dans mon nez ou la sueur à l'extérieur. Mes muscles, pourtant pleins de cour-

batures, se détendaient complètement à la vue de la pancarte. Mon corps ne manifestait plus de signe de fatigue. Je me rappelle la sensation de légèreté. J'étais traversé par une rivière chaude, léger, libre, sans contraintes.

C'est comme un film, un véritable film que je répète autant de fois qu'il me semble nécessaire pour obtenir un changement profond, efficace et durable. Je ne me contente pas seulement de répéter des mots, je ressens vraiment les émotions qu'ils évoquent en moi et je les visualise comme si ces suggestions étaient déjà une réalité.

4 . Je reviens à l'état présent. Petit à petit, je reprends conscience de mon corps, de ma respiration, de ma tête, de mes bras, de mes jambes. Je commence à bouger mes yeux sous mes paupières. Je compte alors jusqu'à cinq. Lorsque je suis à cinq, je reviens dans l'ici et le présent tout en gardant les bénéfices de cette séance avec moi-même. À un, je bouge très légèrement les extrémités de mes pieds ; à deux, je fais pareil avec mes doigts ; à trois, je commence à revenir, conscient de mon environnement ; à quatre, j'ouvre les yeux ; à cinq, je suis complètement présent et conscient. Mes idées sont très claires. Je m'étire. Je suis en pleine forme pour reprendre

une activité normale. Je pratique ces séances un matin sur deux.

J'utilise enfin, une fois par semaine, le yoga du rire, inventé par le médecin généraliste indien Madan Kataria, en 1995. Les répercussions de ce bienfait naturel sur la santé sont énormes. J'ai découvert cette discipline par hasard en me promenant sur Internet, un jour où j'étais enclin à rire. Je cherchais une solution à la dépression. Je m'étais inscrit à une formation sans grande conviction. À la première séance je m'étais forcé à rire, ne comprenant pas vraiment l'intérêt de la chose. Malgré ma déception j'avais continué le lendemain. Cette deuxième séance, avait été magique : mon rire n'était plus contraint, mon corps riait.

Je suis maintenant devenu animateur, certes débutant, mais ce coaching est une très bonne façon d'apprendre. Comment en parler davantage dans ce livre ? Il est difficile de rire sur une feuille de papier quand on n'envisage pas une carrière de comique. Le rire est international. Il n'y a pas de culture ou de langue particulière. Il faudra donc se rendre sur ma page Facebook https://www.facebook.com/brain.light.6 et ma chaîne Youtube natur way azur https://www.youtube.com/channel/UCWuUrlb_ZDwFe5VJYBLzCYQ où j'accueille tout le monde, sans aucune distinction.

Une séance dure un peu moins d'une heure. Les dix premières minutes sont consacrées à des assouplissements d'où son nom de yoga. Les trente minutes qui suivent se focalisent sur le rire. Le coach mime par exemple un oiseau et ses gestes se mélangent à des rires. Comme le rire est communicatif, la machine est lancée et plus aucune pensée négative n'est alors possible. Un dernier temps de détente, basé sur quelques principes de méditation – car il est fatigant de rire ! – permet de conclure la séance.

Je m'adresse à tout type d'individu : croyants, non-croyants, malades, bien-portants, jeunes, séniors… Je propose un nouveau médicament gratuit et naturel. D'après son fondateur, chaque personne devrait consacrer dix à vingt minutes à rire par jour pour rester en bonne santé.

Certains veulent peut-être me dire : « Mais comment peut-on rire sans blague ? » Au bout de quelques minutes, ils ont la réponse…

Pratiqué aujourd'hui dans plus de cent-cinq pays à travers le monde, neurologues, psychologues, cardiologues, prennent désormais le yoga du rire au sérieux.

Attention, il n'est pas l'unique thérapie pour

guérir mais un atout supplémentaire, très puissant, à ne pas négliger.

Depuis que je pratique ces trois techniques, la peur irrationnelle et le manque de confiance en moi ont presque entièrement disparu. Grâce à elles j'ai libéré mon âme d'enfant restée enfermée dans mon corps. Votre enfant intérieur est lui aussi très facile à libérer. Vous l'avez mis dans une prison, mais la porte n'est pas fermée à clef. L'autohypnose, la MPC et le yoga du rire ne visent pas simplement à retourner vers l'enfance mais à retrouver quelque chose qu'on a perdu, une naïveté émotionnelle, et donc une créativité.

L'écriture de ce livre m'a permis de trouver des pistes de guérison. Ma maladie est-elle le résultat d'émotions qui n'ont pas su être repérées, canalisées et gérées à temps ? Mes parents ont-ils été trop aimants ? Trop intrusifs ? Trop directifs ? N'ont-ils rien vu ou rien voulu voir ? S'ils avaient agi autrement, cette maladie sans nom aurait-elle quand même fini par éclore ? Sans cesse j'essaie de trouver des réponses mais il n'y a peut-être aucun coupable, ni eux, ni moi, ni les autres.

REMERCIEMENTS

Je remercie tous ceux qui ont cru dans mes idées…
à commencer par mon éditrice Chantal Lebrat qui m'a
permis de renaître à l'âge de 50 ans.

Je remercie tous les lecteurs qui connaîtront
ma démarche et me contacteront.

Je remercie ma femme
de m'avoir donné trois beaux enfants.

Je remercie mes parents, sans qui il n'y aurait eu
aucune histoire à raconter.

Je remercie Sophie-Victoire Trouillet, juriste, de m'avoir
expliqué clairement la législation en matière
de handicap et d'emploi.

Je remercie tous les jeunes qui ont envoyé un dessin pour
orner la couverture de mon livre, dans le cadre
du concours Renaissens Projet jeunes.

Enfin, je remercie l'écriture qui m'a éclairé telle une flamme
lorsque ma mission de vie était plongée dans
l'obscurité totale.

CHEZ LE MÊME ÉDITEUR

COLLECTION COMME TOUT UN CHACUN

La Paix, toute une histoire ! essai, Sophie-Victoire Trouiller

Nouvelles du Temps qui passe, recueil, Michel Pain-Edeline

Un petit cimetière de Campagne, roman, Jacques Priou

De mon Amazonie aux confins du Berry, recueil, Irène Danon

T'occupe pas de la marque du vélo, pédale ! roman, Cécile Meslin

De l'autre côté des étoiles, conte, Hervé Dupont

COLLECTION VOIR AUTREMENT

L'Insurgée aux yeux d'ombre, roman, Diane Beausoleil

Pas si bête, roman, Clélia Hardou

COLLECTION LES MOTS DU SILENCE

Deux Mondes, témoignage, Christelle Luongkhan

Signence - la langue des signes, album de photos, poèmes et textes, Eve Allem et Jennifer Lescouët

COUVERTURE

Illustration de Artiom Gorsky, jeune adolescent de 14 ans, de citoyenneté russe. Artiom étudie le français depuis 3 ans à l'école 27 d'Angarsk, dans l'oblast d'Irkoutsk en Sibérie du Sud, à plus de 8000 km de la France !

Afin de sensibiliser les jeunes au handicap, RENAISSENS confie l'illustration de ses couvertures à des jeunes du monde entier.
Le concours s'inscrit dans une approche "jeunesse, interculturalité et francophonie".

Pour participer à la sélection des prochaines couvertures rendez-vous sur la page du site Renaissens
http://www.renaissens-editions.fr/projet-jeunes/

ISBN : 978-2-491157-19-7
Dépôt légal : octobre 2021